Praxiswissen Medien

Weitere Bände in dieser Reihe
http://www.springer.com/series/11796

Praxisrelevante Fachliteratur für die Medienproduktion ist bislang Mangelware. Die Reihe „Praxiswissen Medien" nimmt sich dieser Aufgabe an und bietet konkrete Anregungen und Antworten auf Fragestellungen, die sich in der praktischen Arbeit an Film- und Fernsehbeiträgen ergeben. Dabei reicht die inhaltliche Bandbreite von Fragen des Medienhandwerks (Dramaturgie, Ästhetik,Bildgestaltung u.ä.) über Medieninhalte (Genres, Formate u.a.) bis hin zur Medienökonomie (Filmmarketing, Film- und Fernsehförderung, Medienorganisation u.ä.).-Damit sind Themen des Journalismus ebenso Gegenstand wie Ästhetik, Medientechnik, Medienrecht, Kultur und Ökonomie. Alle Bände verbindet ein hohes Maß an Nachvollziehbarkeit und damit das Angebot als konkrete Handlungsanleitung für die alltägliche Praxis.

Jan N. Lorenzen

Zeitgeschichte im Fernsehen

Theorie und Praxis historischer
Dokumentationen

 Springer VS

Jan N. Lorenzen
Berlin
Deutschland

Praxiswissen Medien
ISBN 978-3-658-09943-5   ISBN 978-3-658-09944-2 (eBook)
DOI 10.1007/978-3-658-09944-2

Die Deutsche Nationalbibliothek verzeichnet diese Publikation in der Deutschen Nationalbiblio-
grafie; detaillierte bibliografische Daten sind im Internet über http://dnb.d-nb.de abrufbar.

Springer VS

Lektorat: Barbara Emig-Roller, Monika Mülhausen

Gedruckt auf säurefreiem und chlorfrei gebleichtem Papier

Springer Fachmedien Wiesbaden ist Teil der Fachverlagsgruppe Springer Science+Business Media
(www.springer.com)

Inhaltsverzeichnis

Grundlagen

1

1.1 Geschichtsfernsehen im Spannungsfeld von Geschichtswissenschaft, Dokumentarfilmethos und Programminteressen

Die Gräben sind tief. Während die Programmverantwortlichen der öffentlich-rechtlichen Sender sich gern mit den historischen Dokumentationen in ihrem Programm schmücken und darauf verweisen, damit ihren öffentlich-rechtlichen Informations- und Bildungsauftrag zu erfüllen, haben universitär arbeitende Historiker[1] in den letzten rund zwanzig Jahren ein von Neid und Ablehnung geprägtes Verhältnis zu dieser Art der Geschichtsvermittlung entwickelt. In erster Linie bezieht sich die Kritik der Historiker auf die „Personalisierung, Dramatisierung und Emotionalisierung" des Stoffes. „Brüche, offene Fragen, Widersprüche, Aufarbeitung und Entwicklungen, wie sie nun einmal die Geschichtsschreibung kennt, passen nichts in Genre", stellte der kürzlich verstorbene Konstanzer Professor Rainer Wirtz fest. (Wirtz 2008, S. 10) Für seinen Kollegen Achatz von Müller ist das Fernsehen als quantitativ erfolgreichster Vermittler von Geschichte „zugleich der qualitativ problematischste" (von Müller 1997, S. 688), und der Hamburger Geschichtsdidaktiker Bodo von Borries meint sogar, 80 % der historischen Dokumentationen seien schlichtweg „schädlich." (von Borries 2001, S. 222)

Auf eine ähnliche Ablehnung des Genres stößt man bei Filmtheoretikern und Dokumentarfilmern aus dem Umfeld von Filmhochschulen. Ihre Argumente sind denen der Historiker nicht unähnlich. Sie beziehen sich auf die schnellen Schnittrhythmen, die den Zuschauer in einen Sog ziehen und den einzelnen Bildern ihre Bedeutung nehmen würden, auf den Kommentar, der eine Interpretation vorgebe,

---

[1] Aus Gründen der sprachlichen Vereinfachung wird im Text nur die männliche Variante aufgeführt obwohl selbstverständlich beide Geschlechter gemeint sind.

© Springer Fachmedien Wiesbaden 2015
J. N. Lorenzen, *Zeitgeschichte im Fernsehen*, Praxiswissen Medien,
DOI 10.1007/978-3-658-09944-2_1

anstatt den Betrachtern selbst das Urteil zu überlassen und auf den Einsatz suggestiver Elemente, die keinen Raum für Distanzierungen lassen. Die historische Dokumentation verletze mit ihren narrativen Erzählstrategien und ihren dramaturgischen Konzepten, so der Vorwurf, permanent das „Authentizitätsversprechen des Dokumentarfilmes", welches nun mal wichtigstes Abgrenzungskriterium gegenüber dem Spielfilm und unverzichtbare Legitimationsgrundlage des Dokumentarfilms ist (vgl. Hißnauer 2011, S. 117–137).

Die wichtigsten Konfliktfelder sind damit bereits umrissen: Zwei der drei Berufsgruppen, zu denen eine Nachbarschaft besteht, auf deren Anregungen (im Falle des Dokumentarfilmes) oder Forschungsergebnisse (im Falle der Geschichtswissenschaft) die Macher historischer Dokumentationen zugleich angewiesen sind, lehnen das Format in der derzeit mehrheitlich im deutschen Fernsehen praktizierten Form ab. Weder Historiker, noch klassische Dokumentarfilmer würden die Autoren und Regisseure von historischen Dokumentationen als ihre Berufskollegen bezeichnen. Zum dritten verwandten Berufsfeld, dem Journalismus, besteht zwar ein grundsätzlich wohlwollendes Verhältnis, doch auch ein tagesaktuell arbeitender Nachrichten-, Boulevard- oder Sportreporter wird den Autoren einer historischen Dokumentation nicht im engeren Sinne als seinen Berufskollegen ansehen – und umgekehrt.

Ohne auf die Kritik an dieser Stelle bereits im Detail eingehen zu wollen, stellt sich damit die Frage, welchen Beruf ein Autor historischer Dokumentationen überhaupt hat: Ist er ein Historiker, der sich des Fernsehens als Medium bedient? Ist er ein Journalist, der historische Themen aufgrund ihrer aktuellen Relevanz aufbereitet? Oder versteht er sich als ein Dokumentarfilmer, der beobachtend versucht, die Wirklichkeit abzubilden? In allen drei Bereichen, dem Journalismus, dem Dokumentarismus und der Geschichtswissenschaft müssen Autoren und Regisseure historischer Dokumentationen Kompetenzen aufweisen; sie müssen journalistische Auswahlkriterien und Aufbereitungstechniken erlernen, sie müssen eine dokumentarische Bildsprache entwickeln und Montagetechniken erlernen und sie müssen in der Lage sein, historische Sachverhalte zu rekonstruieren. Die Historiker erwarten Kenntnis ihrer Standards der Quellenkritik, die Dokumentarfilmer fordern Beachtung ihrer „Authentizitätskriterien" – und dann gibt es, als dritten Pol, noch die Redakteure und Produzenten als Auftraggeber, die sich von ihrem Regisseur vor allem einen gegenüber dem Publikum gut funktionierenden Film wünschen, der „spannend" und „unterhaltsam" ist (dabei natürlich den „Wahrheitskriterien" der Geschichtswissenschaft Genüge tut und die „Authentizitätsmaßstäbe" des Dokumentarfilms nicht offensichtlich missachtet). Das Produkt, das aus dem Mix dieser Erwartungshaltungen entsteht, ist etwas völlig Eigenständiges. Es folgt eher den dramaturgischen Modellen des Spiel- als des Dokumentarfilmes, weil sich die traditionell dokumentarischen Erzählstrategien als nicht populär genug erwiesen haben. Es benötigt andere Recherchewege, als an den Universitäten im Fach Geschichte gelehrt, weil auch Materialien und Informationen benötigt werden, die für professionelle Historiker nur von geringem Interesse sind. Und es verlangt gegenüber Zeitzeugen andere Fragetechniken, als an den Journalistenschulen gelehrt, weil nicht Prominente aus der Reserve gelockt oder Geständnisse von Politikern „investigativ" produziert, sondern zumeist Erinnerungen stimuliert und Emotionen organisiert werden müssen.

„Historische Dokumentationen" sind damit zu einem eigenen Genre innerhalb der verschiedenen Film- und Fernsehformate avanciert – und „Autor/Regisseur historischer Dokumentationen" ist zu einem eigenen Beruf geworden.

1.2 Was ist eine historische Dokumentation?

Es gibt viele Formen historischen Erzählens im Fernsehen. Geschichte kommt vor innerhalb von Nachrichtenbeiträgen und in Form von Rezensionen historischer Bücher oder historischer Ausstellungen in Kulturmagazinen (wie „Stilbruch" im RBB, „Artour" im MDR oder „Kulturzeit" auf 3Sat); es gibt Magazinsendungen, die sich ausschließlich mit Geschichte beschäftigen (wie „Geschichte Mitteldeutschlands – Das Magazin" im MDR oder „Geheimnis Geschichte", gesendet von 2007 bis 2009 in der ARD). Mit größeren Sendelängen gibt es den „historischen Dokumentarfilm" (z. B. „Ein Spezialist" über Adolf Eichmann)[2]; es gibt die hybriden Doku-Dramen, in denen dokumentarische und fiktionale Elemente nebeneinanderstehen (wie in „Todesspiel" über die Ereignisse des Deutschen Herbstes und den Terror der RAF)[3]; es gibt Sendereihen, die sich zumeist althistorischen Themen unter archäologischen Gesichtspunkten nähern (wie etwa „Sphinx – Geheimnisse der Geschichte" von 1994 bis 2007 im ZDF) und es gibt Spielfilme, die für sich in Anspruch nehmen, einer „wahren Geschichte" zu folgen und sich eine zeitlang großer Beliebtheit erfreuten, wie etwa „Die Luftbrücke" aus dem Jahr 2005,[4] „Dresden" aus dem Jahr 2006[5] oder „Die Flucht" aus dem Jahr 2007.[6]

---

[2] „Ein Spezialist", Regie: Eyal Sivan, Frankreich, Deutschland, Österreich, Belgien, Israel 1998.

[3] „Todesspiel", Regie: Heinrich Breloer, 2 Teile, Deutschland 1997.

[4] „Die Luftbrücke – Nur der Himmel war frei", Regie: Dror Zahavi, Deutschland (Sat1) 2005.

[5] „Dresden", Regie: Roland Suso Richter, Deutschland 2006.

[6] „Die Flucht", Regie: Kai Wessel, Deutschland (ARD) 2007.

Auch wenn in den verschiedenen Kapiteln auf die meisten dieser Geschichts-
erzählungen im Fernsehen Bezug genommen wird, steht doch nur eines dieser
Formate im Zentrum des vorliegenden Leitfadens: die zeitgeschichtliche Dokumentation, wie sie sich seit den sechziger Jahren im deutschen Fernsehen etabliert hat. Thomas Fischer, als langjähriger Leiter der Redaktion Zeitgeschichte des
SWR einer der maßgeblichen Akteure und Gestalter dieses Formats, definiert die
zeitgeschichtliche Dokumentation als einen Film „von 45 min Länge, der Archiv-
teile, Neudrehs, szenische Rekonstruktionen, Computeranimationen und Zeitzeugen miteinander verknüpft." (Fischer 2008, S. 35) Ergänzend müssen noch einige
Bemerkungen zur Dramaturgie gemacht werden: Fast immer folgt eine historische
Dokumentation erzählerisch der Chronologie der Ereignisse. Gegenwartsbezü-
ge werden innerhalb des Formats meist als Fremdkörper wahrgenommen. Eine
Dramaturgie, die sich von der Gegenwart ausgehend der Vergangenheit eher reflektierend nähert, überschreitet die Grenzen zum historischen Dokumentarfilm.[7]
Ebenfalls ergänzend zur Aufzählung von Fischer müssen noch Expertengesprä-
che aufgeführt werden, denn auch der interpretierende Kommentar des Historikers spielt besonders bei Themen, zu denen keine Zeitzeugen mehr befragt werden
können, nach wie vor eine nicht unbedeutende Rolle. Zudem muss betont werden,
dass nicht immer alle genannten Elemente Verwendung finden. Szenische Rekonstruktionen etwa, auch Re-enactments genannt, werden von manchen Redaktionen
und Regisseuren aus prinzipiellen Erwägungen abgelehnt. Computeranimationen
wiederum werden nicht bei jeder Produktion als sinnvoll erachtet und sind auch
nicht immer finanzierbar. Als die drei wichtigsten Elemente haben sich die Zeitzeugeninterviews, das Archivmaterial und der Neudreh an den Originalschauplätzen herauskristallisiert. Ohne diese drei Bestandteile kommt fast keine historische
Dokumentation aus.

Ausgehend von diesem Ist-Zustand versteht sich der vorliegende Leitfaden –
unter ausdrücklicher Beachtung der angedeuteten Konfliktlinien –, als eine For-
mat- und eine Berufsbeschreibung; zum Teil in Form einer filmtheoretischen Abhandlung, zum Teil in Form eines historischen Essays, zum Teil in Form eines
Werkstattberichts. Er kann dabei weder eine Einführung in die journalistische
Arbeitsweise, noch ein Crash-Kurs in historischer Quellenkritik und schon gar
nicht ein Lehrbuch für dokumentarische Bildsprache und Dramaturgiekonzepte
sein – auch wenn an vielen Stellen auf diese Bezug genommen und an manchen
Stellen auf die entsprechenden Lehrwerke verwiesen wird. Das Buch versteht sich
ebenfalls nicht als Handlungsanweisung im Sinne eines „so und nicht anders", es

---

[7] Worin genau sich „historische Dokumentationen" und „historische Dokumentarfilme" unterscheiden, wird in Kap. 2.2. diskutiert.

soll nicht definieren, wie historische Dokumentationen aussehen *sollten*, es beschreibt aktuelle Standards und Arbeitstechniken.

1.3   Aufbau des vorliegenden Leitfadens; Zielgruppe

Das Buch ist in acht Kapitel gegliedert. Zunächst möchte ich anhand einer kurzen, thesenartigen „Geschichte der historischen Dokumentation in der Bundesrepublik" aufzeigen, wie sich das Format seit dem Beginn des bundesdeutschen Fernsehens entwickelt hat und wie dabei die bereits aufgezeigten Konfliktlinien entstanden sind. In den anschließenden Kapiteln möchte ich die oben beschriebenen Elemente einer historischen Dokumentation (Zeitzeugengespräche, Archivmaterial, Dreh an Originalschauplätzen, Re-enactments einzeln vorstellen und unter Berücksichtigung der unterschiedlichen Ansichten, theoretischen Erwägungen und praktischen Erfahrungen diskutieren.

Da der Erzählgegenstand in der Vergangenheit liegt, sind historische Dokumentationen planbarer als die meisten anderen dokumentarischen Formate. Aus der Aufzählung der verschiedenen Bildebenen wird zudem unmittelbar ersichtlich, dass es ein Regisseur historischer Dokumentationen, anders als die meisten seiner in Film und Fernsehen tätigen Kollegen, mit ästhetisch sehr unterschiedlichen Materialien zu tun hat, die zu einem Ganzen zusammengefügt werden müssen. Die sich daraus ergebenden Besonderheiten und Arbeitstechniken sollen in zwei Kapiteln zum Produktionsprozess erläutert werden.

Im Resümee soll die von Dokumentarfilmern und Historikern geäußerte Kritik an der historischen Dokumentation noch einmal aufgegriffen und abschließend diskutiert werden. Zudem soll die Frage aufgeworfen werden, welcher berufliche Werdegang angesichts des vielfältigen Anforderungsprofils als der Königsweg zur historischen Dokumentation angesehen werden kann: Studium der Geschichte, der Journalistik (mit anschließendem Volontariat) oder eine Regieausbildung an einer Filmhochschule?

Der vorliegende Leitfaden richtet sich dementsprechend zunächst an diejenigen, die, aus den unterschiedlichsten Ausbildungszusammenhängen kommend, die historische Dokumentation als Berufsfeld in Erwägung ziehen und sich schnell über die theoretischen Paradigmen und praktischen Produktionsbedingungen informieren wollen. Des Weiteren möchte das Buch jene Geschichtswissenschaftler und Geschichtsdidaktiker ansprechen, die die Fernsehhistoriker aufgrund ihrer Deutungsmacht und der gesellschaftlichen Tiefenwirkung ihrer Produkte beneiden, diese zugleich wegen der fortgesetzten Verletzung historiographischer Standards kritisieren, ohne aber die Entstehungsbedingungen zu kennen und zu verstehen.

Im selben Maße richtet sich das Buch an Regiekollegen, die die Bedenken aus der
Geschichtswissenschaft unter Hinweis auf den großen Erfolg und die handwerklichen Notwendigkeiten ihres Formats bisher achselzuckend abgetan haben, ohne
sich mit der Kritik wirklich auseinanderzusetzen. Auch sie verzichten auf wert-
volle Denkanstöße.

Literatur

Thomas Fischer: Erinnern und Erzählen. Zeitzeugen im Geschichts-TV, in: Thomas Fischer
    und Rainer Wirtz (Hrsg.): Alles authentisch? Popularisierung der Geschichte im Fernse-
    hen, Konstanz 2008, S. 33–49 (Fischer 2008).
Christian Hißnauer: Fernsehdokumentarismus. Theoretische Näherungen, pragmatische Ab-
    grenzungen, begriffliche Klärungen, Konstanz 2011 (Hißnauer 2011).
Bodo von Borries: „Was ist dokumentarisch am Dokumentarfilm? Eine Anfrage aus ge-
    schichtsdidaktischer Sicht, in: Geschichte in Wissenschaft und Unterricht (GWU)
    52(2001), S. 220–227 (von Borries 2001).
Achatz von Müller: Geschichte im Fernsehen, in: Klaus Bergmann (Hrsg.): Handbuch der
    Geschichtsdidaktik, 1997, S. 688–694 (von Müller 1997).
Rainer Wirtz: Alles authentisch: so war's, in: Thomas Fischer und Rainer Wirtz (Hrsg.):
    Alles authentisch? Popularisierung der Geschichte im Fernsehen, Konstanz 2008, S.
    S. 9–32 (Wirtz 2008).

Filmografie

„Die Flucht", Regie: Kai Wessel, Deutschland (ARD) 2007.
„Die Luftbrücke – Nur der Himmel war frei", Regie: Dror Zahavi, Deutschland (Sat1) 2005.
„Dresden", Regie: Roland Suso Richter, Deutschland 2006.
„Ein Spezialist", Regie: Eyal Sivan, Frankreich, Deutschland, Österreich, Belgien, Israel
    1998.
„Todesspiel", Regie: Heinrich Breloer, 2 Teile, Deutschland 1997.

Eine kurze Geschichte der historischen Dokumentation in der Bundesrepublik Deutschland seit 1945

2

2.1 Geschichte als Instrument der Massenbeeinflussung: „Todesmühlen" und „Nacht und Nebel"

Das wichtigste Thema der historischen Dokumentation in der Bundesrepublik Deutschland war immer der Nationalsozialismus. Zu diesem Themenfeld entstanden nicht nur mit Abstand die meisten Dokumentationen, Filme über Adolf Hitler, den Zweiten Weltkrieg oder den Holocaust erregten in der Vergangenheit auch publizistisch fast immer höchste Aufmerksamkeit. Nach 1989 kam die DDR-Geschichte, die „zweite deutsche Diktatur", als weiteres großes Thema hinzu. Seitdem sind der Nationalsozialismus und die DDR-Geschichte die umkämpften Themenfelder der Geschichtsdeutung – und entsprechend wurden die entscheidenden Auseinandersetzungen und Formatdebatten anhand der zu diesen zwei Themenfeldern entstandenen historischen Dokumentationen geführt. Während eine größere Dokumentationsreihe über die Weimarer Republik oder die Nachkriegszeit auch mal dem Radar des Feuilletons entgehen und von der Fachkritik unbeachtet bleiben kann, ist dies bei größeren Produktionen zum Nationalsozialismus oder zur DDR-Geschichte undenkbar. Nur bei diesen beiden Themen scheint die Frage, ob der universitäre Historiker oder der „Fernsehhistoriker" über die Deutungsmacht verfügt, wirklich relevant zu sein. Nur bei diesen beiden Themen ist die Frage, die Heinz Huber, der damalige Leiter der Dokumentarabteilung des SDR bereits 1963 formulierte, immer noch gültig: „Ist Fernsehen ein brauchbares Instrument zur Massenbeeinflussung?" (Huber 1963/2, S. 155).

Der erste Versuch einer solchen Massenbeeinflussung nach dem Ende des Krieges und zugleich der erste historische Dokumentarfilm, den die Deutschen nach Jahren der Indoktrination durch die nationalsozialistische Propaganda zu sehen bekamen, war der Film „Die Todesmühlen", entstanden unter der Regie von Hanus Burger, produziert im Auftrag des US-Office of Military Government for Germany

© Springer Fachmedien Wiesbaden 2015
J. N. Lorenzen, *Zeitgeschichte im Fernsehen,* Praxiswissen Medien,
DOI 10.1007/978-3-658-09944-2_2

(OMGUS).[1] Der Film zeigt, was die Alliierten bei der Befreiung der Konzentrationslager vorgefunden hatten: überfüllte Baracken, abgemagerte KZ-Häftlinge, Leichenberge. Zwischen Szenen, die die Einwohner Weimars beim von der US-Armee erzwungenen Besuch im Konzentrationslager Buchenwald im April 1945 zeigen, montierte der Regisseur Ausschnitte der ekstatisch Hitler zujubelnden deutschen Bevölkerung aus Leni Riefenstahls Film „Triumph des Willens". Nur wenige Jahre ist es her, da habt ihr Hitler gehuldigt. Nun seht, was ihr angerichtet, wofür ihr verantwortlich seid – das sollten diese Bilder zeigen! Die Überlegungen, die dem Film zu Grunde lagen, waren offensichtlich: die deutsche Bevölkerung sollte mit ihrer individuellen und kollektiven Schuld an den nationalsozialistischen Verbrechen konfrontiert werden (Chamberlain 1981, S. 420–436).

„Die Todesmühlen" kam bereits im Januar 1946 in die deutschen Kinos, doch die Hoffnungen, der nur 22-Min. lange Dokumentarfilm könne das Bewusstsein der Deutschen umgehend und tiefgreifend verändern, erfüllte sich nicht. Nicht nur die geringe Auslastung der Kinos enttäuschte die alliierten Kulturoffiziere, auch die Reaktionen des Publikums frustrierten: Die Zuschauer würden dem Film zwar „außergewöhnlich gespannt und ernst" folgen, sie zeigten jedoch „wenig Gefühl für Verantwortlichkeit", resümierten die Offiziere der Information Control Division (ICD) (zit.n. Chamberlain 1981, S. 431).

Trotz dieser enttäuschenden Publikumsresonanz legte „Todesmühlen" gleich in zweierlei Hinsicht den Grundstein für die spätere zeitgeschichtliche Dokumentation. Zum einen war das entscheidende Thema gesetzt und die entscheidende Frage gestellt worden. Zum anderen jedoch hatte Burger auch den Wert von Archivmaterial an sich deutlich vor Augen geführt: Diese erschütternden Bilder hatten Beweiskraft! Bei kaum einem anderen Thema sollte diese Funktion von Archivbildern so deutlich werden, wie beim deutschen Massenmord an den europäischen Juden. Hanus Burger etablierte damit Archivmaterial als wichtigste und fast immer unverzichtbare Bildebene der historischen Dokumentation.

Um die Initialzündung für ein Genre zu geben, bedurfte es aber noch eines weiteren Filmes, der in der Tradition von „Die Todesmühlen" erneut die Frage nach der Verantwortung der Deutschen für die nationalsozialistischen Verbrechen stellte und dem Archivmaterial eine weitere Bildebene an die Seite stellte: Dieser Film entstand fast genau zehn Jahre nach „Todesmühlen". Gedreht hatte ihn der französische Regisseur Alain Resnais im Auftrag von zwei Organisationen früherer französischer Widerstandskämpfer und Deportierter. Der mit 32-Min. ebenfalls nicht sehr lange Film handelt von der so genannten Nacht-und-Nebel-Aktion des NS-Staates, bei der dem NS-Regime verdächtige Personen spurlos verschwanden

---

[1] „Todesmühlen" (Death Mills), Regie Hanus Burger, Deutschland (OMGUS) 1945.

und heimlich in Konzentrationslagern des Dritten Reichs inhaftiert wurden.[2] Wie „Todesmühlen" stellte auch „Nacht und Nebel" die Schuldfrage: unter Bildern von Lageraufsehern fragt der Kommentar: „Ich bin nicht schuld. Wer also ist schuld?"[3] Optisch setzte Alain Resnais vor allem auf eindrucksvolle Kontrastmontagen zwischen den historischen Aufnahmen und aufwendigen Kamerafahrten in den damals weitgehend sich selbst und der Natur überlassenen Resten des Vernichtungslagers Auschwitz-Birkenau. Hatte der Film „Die Todesmühlen" noch ausschließlich Archivmaterial kompiliert, ist seit „Nacht und Nebel" auch der Originalschauplatz als Bildebene aus der historischen Dokumentation nicht mehr wegzudenken.

Zur Initialzündung für die bundesdeutsche historische Dokumentation und zu einem Meilenstein im Umgang mit der NS-Vergangenheit wurde der Film aber vor allem, weil er in Deutschland eine Debatte auslöste. „Nacht und Nebel" wurde 1956 für die Festspiele in Cannes eingereicht, das Festival akzeptierte ihn und schickte die Wettbewerbsliste an den französischen Staatssekretär für Industrie und Handel, der für die französische Regierung dem Festival-Programm zustimmen musste. Als der Staatssekretär wenig später die offizielle Liste bekannt gab, war Resnais' Film jedoch nicht aufgeführt. Was war geschehen? Im Auftrag der Bundesregierung hatte der deutsche Botschafter in Paris beim französischen Außenminister interveniert und eine Absetzung des Filmes verlangt. Als Begründung hieß es, die Festspiele von Cannes sollten zur Freundschaft zwischen den Völkern beitragen und seien daher nicht das geeignete Forum für einen solchen Film. Dieser werde die Atmosphäre zwischen Franzosen und Deutschen „vergiften" und dem Ansehen der Bundesrepublik schaden, denn gewöhnliche Zuschauer seien nicht fähig, „sich den Unterschied zwischen den kriminellen Anführern des Nazi-Regimes und dem heutigen Deutschland klar zu machen" (zit. n. Rodek 2011; vgl. Lindeperg 2010, S. 198–219).

Interventionen dieser Art waren in Cannes damals nichts Ungewöhnliches: Artikel 5 der Festivalsatzung ermöglichte die Ablehnung von Filmen, „die ein nationales Gefühl verletzen". Und verletzte Gefühle gab es offenbar auf allen Seiten. „Die Norweger zogen ihren Deportationsfilm „Flucht aus der Hölle" zurück, weil die Deutschen verletzt waren. Die Engländer zogen „Marsch durch die Hölle" zurück, weil die Japaner ihre Soldaten diffamiert sahen. Und die Russen protestierten gegen Helmut Käutners „Himmel ohne Sterne", der die deutsche Teilung aus westlicher Sicht darstellte" (Rodek 2011). Im Falle von „Nacht und Nebel"

---

[2] „Nacht und Nebel" (Nuit et Brouillard), Regie: Alain Resnais, Frankreich 1955.

[3] Die deutsche, von Paul Celan überarbeitete Fassung, ist hier deutlicher, als die französische, von Jean Cayrol verfasste Originalkommentar, in dem nicht von Schuld, sondern von Verantwortung die Rede ist (vgl Lindeperg 2010, S. 243).

jedoch formierte sich Widerstand: in Frankreich meldeten sich die Organisationen der Widerstandskämpfer und Deportierten, die den Film initiiert hatten, zu Wort, und in der Bundesrepublik protestierten prominente Intellektuelle gegen das Aufführungsverbot, darunter Alfred Andersch, Heinrich Böll, Eugen Kogon und Hans Werner Richter. Außerhalb des offiziellen Festivalprogramms kam der Film daraufhin am 29. April in Cannes doch noch zur Vorführung. Die Bundesregierung sah sich unter dem Druck der Öffentlichkeit zudem gezwungen, die Herstellung einer deutschen Fassung zu finanzieren (Rodek 2011; Lindeperg 2010, S. 233).

Mit diesen Auseinandersetzungen waren Konfliktlinien deutlich geworden, die die Debatte auf Jahrzehnte prägen sollte: Auf der einen Seite die Bundesregierung, die dem Verschweigen, Verdrängen und Leugnen der Mehrheit der Bevölkerung Vorschub leistete – und auf der anderen Seite die „kritischen Intellektuellen", die ebendiese Haltung ihrem Staat nicht durchgehen lassen wollten und sich weitgehend in die durch „Die Todesmühlen" begründete und durch „Nacht und Nebel" fortgeführte Re-edukations-Tradition stellten. Die Mehrzahl der neu gegründeten, in der ARD zusammengeschlossenen Fernsehsender, waren damals so etwas wie ein „Refugium", das den „heimatlosen Linken" Schutz bot und es ihnen ermöglichte „Sand, nicht das Öl im Getriebe der Welt" zu sein – so jedenfalls formulierte es Hermann Glaser etwas überspitzt in seiner „Kulturgeschichte der Bundesrepublik Deutschland" (Glaser 1986, S. 222). Der Pol, von dem die entscheidenden Impulse in Bezug auf den Dokumentarfilm und auch die historische Dokumentation ausgingen, war die Dokumentarfilmredaktion des SDR unter ihrem ersten Leiter Heinz Huber. Hubers Vorbilder waren vor allem die US-amerikanischen Filmemacher Richard Leacock und D.A. Pennebaker, die mit den Methoden der „living camera" und des „direct cinema" auch formal Neuland betreten hatten: Autonomie und Tragbarkeit von Kamera und Tonaufzeichnungsgerät machten genaue, ausdauernde und nahe Beobachtungen möglich – und genau dies sollte das wichtigste filmische Mittel der „Stuttgarter Schule" sein. Vor allem aber sollten die Filme, die hier entstanden, die „rational-kritische Auseinandersetzung mit der bundesdeutschen Wirklichkeit, ihrer Zeit und ihrer Kultur" suchen (Dieter Ertel zit. n. Wagner 1990). Das programmatische Schlagwort, mehr sein zu wollen „als eine Gartenlaube für den Feierabend" ist heute ebenso legendär, wie die Sendereihe, die Huber und seine Mitstreiter ins Leben riefen: die „Zeichen der Zeit" (Huber 1956, S. 158; vgl. Steinmetz und Spitra 1989).

Im Rahmen dieser Sendereihe hatte sich Heinz Huber mit einem kritischen Dokumentarfilm über die Wiederbewaffnung auch als Regisseur einen Namen gemacht,[4] bevor er sich im Jahr 1960 mit einem kleinen Team von Autoren und

---

[4] „Die deutsche Bundeswehr", Regie: Heinz Huber, Deutschland (ARD, SDR) 1956.

Rechercheuren der Zeitgeschichte zuwandte. Mit der heute fast vergessenen
14-teiligen Sendereihe „Das Dritte Reich" wollte Huber erreichen, was dem Film
„Die Todesmühlen" nicht gelungen war: Die Beeinflussung der Massen; die Veränderung des geistigen Klimas der Bundesrepublik.

2.2 Die Reihe „Das Dritte Reich" als Geburtsstunde der historischen Dokumentation in der Bundesrepublik

Die Sendereihe „Das Dritte Reich" kann als Geburtsstunde der bundesdeutschen
zeithistorischen Dokumentation angesehen werden. Neben Archivmaterial und
dem Dreh an Originalschauplätzen etablierten Heinz Huber und seine Mitstreiter
das Zeitzeugeninterview als dritte, konstitutive Erzähl- und Bildebene. Mit Einschaltquoten um die 50 % nahm die Reihe den Erfolg späterer Sendereihen zur
NS-Geschichte vorweg und etablierte das Format unwiderruflich im Fernsehpro-
gramm. Zwar hatte es vorher bereits einige Einzeldokumentationen gegeben, die
sich historischen, auch zeithistorischen Stoffen gewidmet hatten, wie etwa Peter
Schier-Gribowskis „Als wär's ein Stück von Dir…" aus dem Jahr 1959,[5] doch an
„Das Dritte Reich" wurden erstmals Probleme und Gestaltungsfragen diskutiert,
die zum großen Teil heute noch aktuell sind: Wie kann sichergestellt werden, dass
nur authentisches Archivmaterial verwendet wird? Wie geht man mit Material um,
dass in propagandistischer Absicht entstanden ist? Wie wird die Objektivität insgesamt gesichert? Kann sie überhaupt das Ziel einer historischen Dokumentation
sein? Wie werden Zeitzeugen eingesetzt? Wie können Vorgänge erzählt werden,
die aus unterschiedlichsten Gründen nicht im Bild festgehalten wurden? Welche
Haltung soll der Kommentartext einnehmen?

Zunächst einmal grenzten sich Huber und sein Team, zu dem auch der noch
junge Gerd Ruge gehörte, in einer entscheidenden Nuance von der Autorenhaltung
ab, die sowohl „Die Todesmühlen" als auch „Nacht und Nebel" gekennzeichnet
hatte: Nicht um „Re-edukation", sondern um „Aufklärung" wollten sich die Autoren bemühen. Es habe die große Gefahr bestanden, „denselben psychologischen
Fehler zu machen, der die „Umerziehungsaktion" der Alliierten nach 1945 so re-
lativ erfolglos werden ließ", schrieb Huber rückblickend: „Wollte man nun mit
den Zuschauern mit der Schärfe ins Gericht gehen, wie es vielleicht viele von uns
angesichts alles Geschehenen aus ihrer subjektiven Überzeugung heraus für richtig halten, so hätte man im pädagogischen Sinn das Gegenteil von dem erreicht,
was die Absicht der Sendereihe war" (Huber 1963/3, S. 183 f.). Und Gerd Ruge

---

[5] „Als wär's ein Stück von Dir…", Regie: Peter Schier-Gribowsky, Deutschland 1959.

ergänzt, allen sei die Gefahr bewusst gewesen, dass die Zuschauer „im doppelten Sinne abschalteten" (Ruge 2013, S. 150).

Die pädagogische Aufgabe – sie war geblieben; und doch sollte „Das Dritte Reich" eher einem neutralen Geschichtsbuch ähneln, als einer Anklageschrift. Und damit fingen die Probleme an. Die Vorarbeiten der Geschichtswissenschaft bei der Erforschung der NS-Zeit stellten sich während der Recherche schnell als unzureichend heraus und so mussten die Autoren tun, „was gar nicht ihres Amtes war." So jedenfalls fasste der „Der Spiegel" damals die Situation zusammen: „Sammeln, sichten, sondieren, kurz, sie mussten das Geschichtsbuch, das sie eigentlich nur hatten illustrieren wollen, erst schreiben" (Der Spiegel 1961, S. 22). Es nimmt nicht wunder, dass die Autoren angesichts dieser selbst geleisteten Pionierarbeit die ihnen auf Initiative der Leitung des SDR beigestellten Fachberater – der Tübinger Historiker Waldemar Besson sollte die Fakten prüfen und der Leiter des Münchner Instituts für Zeitgeschichte Helmut Krausnick die Manuskripte Korrektur lesen – eher als Belastung, denn als Hilfe empfanden und befürchteten, die „praxisfremden Ansichten des Historikers" könnten eine „Arbeitsbehinderung" darstellen (zit. n. Fritsche 2003, S. 102).

Die Frage, ob den externen Historikern oder vielmehr den Autoren die Deutungsmacht zusteht, die in den gegenwärtigen Debatten um die richtige Form der historischen Dokumentation immer mitschwingt, sie wurde also bereits 1960 gestellt – und sie konnte damals offenbar nur deshalb so schnell und unkompliziert beantwortet werden, weil die beiden betroffenen Wissenschaftler es im Gegensatz zu den Autoren um Huber nicht als ihre primäre Aufgabe ansahen, als „Aufklärer" in die Gesellschaft hinein zu wirken. In der Tradition Leopold von Rankes, der Mitte des neunzehnten Jahrhunderts mit seiner Forderung, Geschichte so zu beschreiben, „wie sie eigentlich gewesen" sei, die moderne Geschichtswissenschaft in Deutschland begründet hatte, sah sich die bundesdeutsche Historikerzunft als eine apolitische Instanz an – und so wurde der medialen Aufarbeitung der NS-Geschichte und der damit verbundenen pädagogischen Absicht noch keine allzu große Bedeutung beigemessen. Mit der Versicherung Hubers, die beigestellten Historiker seien lediglich „Berater" war der Konflikt aus der Welt geschafft. Auch als die Reihe über den Sender ging, hielten sich die Fachhistoriker mit Kritik und Meinungen vornehm zurück (vgl. Fritsche 2003, S. 128 f.).

Die Zuschauerreaktionen, die „Das Dritte Reich" auslöste, waren dagegen dramatisch: „Wir hörten von Vätern, die sich weigerten, die Sendungen gemeinsam mit ihren Kindern anzusehen, und sich mit dem Fernsehgerät im Wohnzimmer einschlossen", berichtet Gerd Ruge in seinen Erinnerungen: „In der Familie eines deutschen Botschafters, der kein Nazi gewesen war, aber als junger Diplomat der Hitler-Regierung gedient hatte, kam es zu einer Auseinandersetzung zwischen ihm

und seinen beiden Töchtern. „Und für dieses Schwein hast du gearbeitet!" schrien
sie ihren Vater nach der Sendung an." In den Berichten, so Ruges Resümee, habe
sich bereits der Generationenkonflikt angekündigt, der gegen Ende des Jahrzehnts
„in die große Protestbewegung der Achtundsechziger münden sollte" (Ruge 2013,
S. 150–151).

Lange vor „Holocaust", der US-Serie, die Ende der siebziger Jahre die Zuschauer aufwühlte und lange vor „Hitler – eine Bilanz" die in den neunziger Jahren
erneut ein Millionenpublikum vor den Fernsehgeräten versammelte, war es also
die Sendereihe „Das Dritte Reich", die als entscheidende Initialzündung in der Beschäftigung mit der NS-Zeit angesehen werden muss. Das Fazit von Heinz Huber
fiel trotz der enormen Wirkung allerdings nachdenklich aus – und dies hatte mit der
unbefriedigenden filmischen Form von „Das Dritte Reich" zu tun, und den vielen
Überzeugungen als Filmemacher und Dokumentarist, die Huber bei der Arbeit hatte ablegen müssen. Vom Fernsehen würde der Zuschauer „absolute Objektivität"
erwarten, stellte Huber zum Beispiel fest, doch diese „könne es gar nicht geben".
Während niemand es den Historikern verübeln würde, wenn sie „unter ihrem Namen" ihre „persönlichen Auffassungen" publizieren würden und man sich auch im
Zeitungswesen gewöhnt habe, den Leitartikel „als die persönliche Meinung des
Verfassers X oder Y zu werten und nicht als objektive Wahrheit", sei dies beim
Fernsehen leider ganz anders: „Zwar wird auch hier bei jeder Sendung der Verfasser genannt, aber für das Publikum existiert er sozusagen nicht. Nicht der Herr
X oder der Herr Y hat dies oder das gesagt, sondern das Fernsehen." Um den verschiedenen Gruppen in der Gesellschaft und ihren unterschiedlichen Ansichten gerecht zu werden, müsse der Autor sich hüten, seine eigene „Ansicht zum Besten zu
geben", er müsse etwas „ganz Verwaschenes" präsentieren, das „zwar niemandem
weh tue, aber auch niemandem nütze" (Huber 1963/3, S. 182 f.).

Das zweite grundsätzliche Problem, welches Huber bemerkte, war die Grob-
schlächtigkeit, die eine populärwissenschaftliche Darstellung mit all ihren „Ver-
gröberungen, Verkürzungen, Verzerrungen" mit sich bringen würde: „In der Fernsehreihe, die hier als Beispiel dient, wurden bei jeder Sendung in einem Manuskript
von höchstens 20 Schreibmaschinenseiten zwei, drei Themenkreise darzustellen
versucht, über die jeweils schon dicke Bücher, manchmal sogar zweibändige Werke geschrieben wurden oder geschrieben werden könnten, und dies mit gutem
Grund" (Huber 1963/1, S. 126 f.). Die in den neunziger Jahre zu beobachtende
Reduktion des Kommentartextes findet ihre Begründung also bereits bei Huber:
Einschränkungen, Abwägungen, Differenzierungen wären in einer historischen
Fernsehsendung kaum möglich, schreibt er: „Die Aufnahmefähigkeit ist vom Bild
schon so sehr okkupiert, dass daneben nur noch die simpelste Form der Sprache,
der Hauptsatz, aufgenommen werden kann" (Huber 1963/2, S. 158).

Das dritte zentrale Problem, das Huber beschreibt, betrifft schließlich die Frage, ob dem inhaltlichen Gedanken oder dem Bild das Primat eingeräumt werden solle: Schon weil viele Vorgänge, die zu unterschlagen unredlich und nicht im Sinne der historischen Korrektheit wäre, im Filmmaterial gar nicht festgehalten seien, dürfe sich „zeitgeschichtliche Fernseharbeit" nicht „dem Diktat des vorhandenen Materials unterordnen." In offensichtlichem Kontrast zu seinen Erfahrungen und Überzeugungen als Dokumentarfilmer, in absolutem Gegensatz zu den Prinzipien des „direct cinema" schreibt Huber: „Was bei sonstiger Fernseharbeit meist falsch ist, nämlich vom Gedanklichen statt vom Optischen auszugehen, das ist hier geradezu eine Notwendigkeit" (Huber 1963/3, S. 181).

Mit diesen Erkenntnissen, vor allem der Feststellung, dass die Dramaturgie nicht dem Bild, sondern dem Gedanken zu folgen habe, begann die Entfremdung zwischen dem Dokumentarfilm und der historischen Dokumentation. Der Reiz, mit den neuen, tragbaren und geräuschgedämpften Kameras nah am Geschehen zu sein, die „Wirklichkeit zu entdecken", den Zuschauer anschließend in die „Wirklichkeit" zu entführen, ihn selber ohne viele eigene Worte beurteilen zu lassen, was er sah, war viel größer, als sich mit erklärenden, vermeintlich objektiven Kommentartexten zu beschäftigen, die inhaltlich unerlässlich waren, aber nur auf abschätzig „Bildteppiche" genannte Montagen gelegt werden konnten, die schon deshalb optisch reizlos sein mussten, um nicht zu sehr vom Text abzulenken. „Der sinnlich-optische Eindruck bedroht ständig den Gedanken, die Gedankenführung," hatte Huber dazu bemerkt (Huber 1963/3, S. 181).

Viele bedeutende Dokumentarfilmer, für die die Arbeit mit dem Bild im Vordergrund stand, haben sich daher mit der historischen Dokumentation in dieser Form gar nicht erst befasst. Trotz der hohen Einschaltquoten, trotz der hohen Aufmerksamkeit, die „Das Dritte Reich" in der Presse erregt hatte und trotz der Tatsache, dass Huber und seine Mitstreiter für Teil 8 der Reihe den Adolf-Grimme-Preis bekamen, wurde die historische Dokumentation zu einer bei Dokumentarfilmern ungeliebten Disziplin. Zwar haben sie wegen ihrer Bedenken gegenüber dem „verfilmten Geschichtsbuch" nicht auf eine Beschäftigung mit der jüngsten Vergangenheit verzichtet, aber sie haben nach anderen Erzählkonzepten gesucht, nach „filmischen" Wegen, sich der Vergangenheit zu nähern; nach Annäherungen an historische Vorgänge, die keines Fachberaters und keiner Manuskriptkontrolle durch externe Wissenschaftler bedurften. Und sie versuchten, dramaturgische Konzepte zu entwickeln, die sich nicht dem Zwang der historischen Chronologie unterwarfen. Meist bedeutete dies, aus der Gegenwart heraus zu erzählen, die Filme als Spurensuche anzulegen. Um der Objektivitätsfalle, die Huber so eindringlich beschrieben hatte, zu entgehen, begannen viele Regisseure zudem, die eigene Herangehensweise zu thematisieren und eine erkennbare (zuweilen auch im Bild sichtbare)

Autorenhaltung einzunehmen. Nur wenn das „ein Film von" für den Zuschauer deutlich wahrnehmbar würde, könne der Zwang zur Neutralität, zur historischen Abgewogenheit aufgegeben werden; nur wenn die Subjektivität des Filmemachers offengelegt würde, hätte der Zuschauer eine Chance, sein Produkt, seine Beobachtungen und Texte nicht mehr als „objektive Wahrheit" einfach hinzunehmen; nur dann könne ein Film im übertragenen Sinne „wahr" sein. Der Dokumentarfilmer Thomas Schadt spricht von der Autorenhaltung als dem „Schlüssel zu Authentizität und Glaubwürdigkeit" (Schadt 2012, S. 34). „Authentizität" und „Glaubwürdigkeit" waren die Begriffe, die „Wahrheit" und „Objektivität" ersetzten.

Die Trennung vollzog sich nicht über Nacht. Wirklich tief wurden die Gräben erst in den achtziger und neunziger Jahren. Sehr lange hat es Grenzüberschreitungen gegeben und noch immer gibt es Grenzgänger zwischen den Formaten. Langsam aber sicher kristallisierten sich Unterscheidungen heraus; Abgrenzungen wurden wichtig: Hier der „subjektive", „künstlerische" historische Dokumentarfilm als „Autorenfilm"; dort die „objektive", „aufklärende", in pädagogischer Absicht erstellte historische Dokumentation als „Bildungsfernsehen". Für beide Formate sollte es am Ende eine Sackgasse werden. Als das Privatfernsehen Anfang der achtziger Jahre über der Bundesrepublik hereinbrach, stellte sich heraus, dass weder der künstlerische, sich mit Geschichte beschäftigende Autorenfilm, noch die im Geist des Bildungsfernsehens erstellte historische Dokumentation attraktiv genug waren, um weiterhin im Programm bestehen zu können. Bis auf einige Ausnahmen begannen die Dokumentarfilmer sich in Nischen zu flüchten; ihre Produkte wurden zum Diskursmedium für Intellektuelle. Und die historische Dokumentation ging allmählich, auch wenn auf herausragende Gegenbeispiele verwiesen werden kann, an den von Huber beschriebenen Probleme zu Grunde: Je stärker das reine Informationsbedürfnis bei den Zuschauern abnahm, desto stärker versuchten die Autoren, dies durch ihren pädagogischen Anspruch zu kompensieren. Je stärker sich auch der pädagogische Impuls abnutzte, desto verstaubter, langweiliger und biederer wurde die historische Dokumentation.

Bevor es dazu kam, gab es allerdings noch fast zwei Jahrzehnte, die siebziger und frühen achtziger Jahre, in dem sowohl der historische Dokumentarfilm mit Produktionen wie „Shoah" von Claude Lanzmann[6] oder „Der Prozess" von Eberhard Fechner,[7] als auch die historische Dokumentation eine Blütezeit erreichte. Die Autoren und Regisseure historischer Dokumentationen gingen in dieser Phase so etwas wie eine Partnerschaft mit den professionellen Historikern ein. Grund hierfür war der Aufbruch an den Universitäten, der einen Schub in der Forschung

---

[6] „Shoah", Regie: Claude Lanzmann, 2 Teile, Frankreich 1975.

[7] „Der Prozess", Regie Eberhard Fechner, 3 Teile, Deutschland (NDR) 1984.

zum Nationalsozialismus mit sich brachte und vor allem das veränderte Selbstverständnis der Historiker.

2.3 Die Symbiose von Geschichtsfernsehen und Geschichtswissenschaft in den siebziger und frühen achtziger Jahren

Ende der sechziger, Anfang der siebziger Jahre befand sich die Geschichtswissenschaft in einer Krise. Die Studentenzahlen gingen zurück; an den Schulen bekam das Fach mit Gemeinschaftskunde, Politik oder Sozialkunde Konkurrenz; und auch die Aufmerksamkeit der Öffentlichkeit wandte sich den systematischen Sozialwissenschaften, der Soziologie oder der Politologie zu, die mit modernerer Methodik und ihren Modellen, die Gesellschaft zu erklären, aktueller und relevanter wirkten. Geschichte zu beschreiben, „wie es eigentlich gewesen", so wertfrei und objektiv wie möglich, das reichte nicht mehr aus. Geschichte als akademisches Fach hatte ein Legitimationsproblem; das Fach galt als unzulänglich, weil es „kein Orientierungswissen und keine Orientierungshilfe für politisches Handeln in einer demokratisch verfassten Gesellschaft" bereitstellte. (Borowski et al. 1989, S. 11) „Wozu noch Geschichte?" – das war die Frage, die immer häufiger gestellt wurde (Kocka 1972).

Die neue Generation der Historiker beantwortete diese Frage, in dem sie zum einen viele methodische Ansätze der Politologie und der Soziologie aufgriff und sich zum anderen, wie die Dokumentarfilmer in den Jahrzehnten zuvor, in die Rolle der Aufklärer versetzte. „Aus der Geschichte lernen," hieß es nun. Stellvertretend für seine Generation hat der Historiker Jürgen Kocka, kurz bevor er selber zum Professor an die Universität Bielefeld berufen wurde, diesen aufklärerischen, emanzipatorischen Anspruch formuliert: „Solange bestehende Herrschaftssysteme sich auch historisch zu legitimieren versuchen, solange sie Geschichtsbilder benötigen oder zumindest ein kollektives Selbstverständnis voraussetzen, das der historischen Dimension nicht ganz entbehrt, solange hat die rationale, kritische Beschäftigung mit der Geschichte eine emanzipatorische Aufgabe, die schwerlich durch anderes zu ersetzen ist" (Kocka 1972).

Erst durch diese neue Rolle, die sich die Geschichtswissenschaft selbst zuwies, um die eigene Legitimationskrise zu überwinden, wurde es für die Historiker unabdingbar, sich nicht nur über das Medium Buch dem Bildungsbürgertum zuzuwenden, sondern auch das Massenmedium Fernsehen als Plattform zur Präsentation der eigenen Erkenntnisse in Betracht zu ziehen. Und erst durch die Annahme der neuen emanzipatorischen Aufgabe wurde die Schnittmenge zwischen den

Vorstellungen der Autoren, Regisseure und Redakteure und denen der Historiker so groß, dass eine Partnerschaft möglich wurde. Diese Partnerschaft überdauerte viele Produktionen, bei denen „Fachberater" gern gesehene Gäste in Redaktionen und Historiker willkommene Interviewpartner waren. Es war zugleich die erste Blütezeit der dritten Fernsehprogramme, die mit einem dezidierten Bildungsauftrag versehen worden waren. Historische Dokumentationen wurden zum Scharnier im Kommunikationsprozess zwischen universitärer Forschung und Publikum. Später Höhepunkt dieser Zusammenarbeit war die vierteilige Dokumentation „Der Tod ist ein Meister aus Deutschland" von 1990, dessen aufklärerischer Anspruch schon im Titel, der eine Zeile aus dem Gedicht „Todesfuge" von Paul Celan aufnahm, deutlich wurde.[8] Bei dieser Produktion verließ der Historiker, in diesem Fall der Stuttgarter Professor Eberhard Jäckel, seine ihm bis dato zugewiesene Rolle als Fachberater und wurde zum Ko-Autoren der Journalistin Lea Rosh. „Was das Fernsehen in der Bundesrepublik zur historischen Aufklärung beigetragen hat," stellte der Freiburger Historiker Heinrich August Winkler fast zeitgleich befriedigt fest, gehe „zu einem guten Teil auf eine enge Zusammenarbeit zwischen Journalisten und Fachwissenschaftlern zurück." Beide Seiten hätten sich „im Bemühen um ein Höchstmaß an kritischer Objektivität" getroffen. „Die Aufgabe der Geschichtswissenschaft ist Aufklärung über die Vergangenheit. Wenn sich Fernsehen und Historie in diesem Punkt einig sind, können sie Partner sein – im Interesse der Öffentlichkeit" (Winkler 1988, S. 280).

Diese Zusammenarbeit des Fernsehens mit der Fachhistorie – das war aus Sicht der Professoren der Idealzustand – und die noch vorhandene Erinnerung an diesen Zustand dürfte zumindest zum Teil die Vehemenz erklären, mit der die Kritik gegenwärtig auf die historische Dokumentation einprasselt. Doch wenn Winkler von Partnern sprach, meinte er kein gleichberechtigtes Verhältnis, keine Partnerschaft auf Augenhöhe. Er, und mit ihm der Großteil seiner universitären Kollegen, wünschte sich das Fernsehen viel stärker als Transmissionsriemen wissenschaftlicher Erkenntnisse und Debatten. „Es dauert oft zu lange, bis neue historische Einsichten das Publikum erreichen", beklagte er. „Am Streit der Historiker können die Zuschauer viel zu selten teilnehmen" (Winkler 1988, S. 279).

Zudem hatte, als Winkler diese Sätze schrieb, längst eine Entwicklung eingesetzt, die nicht nur das „partnerschaftliche Verhältnis" zwischen den Historikern und den Journalisten in Frage stellte, sondern auch dazu führte, dass sich die Autoren historischer Dokumentationen endgültig aus dem Zirkel der Dokumentarfilmer verabschiedeten und eine eigene Berufsgruppe wurden. Begonnen hat diese

---

[8] „Der Tod ist ein Meister aus Deutschland. Der Mord an den europäischen Juden", Regie Lea Rosh, Eberhard Jäckel, 4 Teile, Deutschland (ARD, SFB) 1990.

Entwicklung bereits mit der Ausstrahlung der vierteiligen US-Fernsehserie „Holocaust" in den Dritten Programmen der ARD im Jahr 1979, doch erst zu Beginn der neunziger Jahre, wurde deutlich, wohin die Entwicklung führte.[9]

2.4   Die Auswirkungen des dualen Systems und die Rolle Guido Knopps

Die US-Fernsehserie „Holocaust – Die Geschichte der Familie Weiss", die im Januar 1979 in den Dritten Fernsehprogrammen ausgestrahlt wurde, wird heute allgemein als ein Wendepunkt nicht nur in der bundesdeutschen Auseinandersetzung mit der NS-Zeit, sondern auch als entscheidender Impulsgeber für die historische Dokumentation angesehen – und das, obwohl es sich genau genommen um ein mit prominenten Schauspielern besetztes Fernsehspiel handelte. Die Geschichte der jüdischen Arztfamilie Weiss hätte sich zwar ungefähr so, wie im Film dargestellt, abspielen können – sie war aber rein fiktiv. Historiker sprechen heute mit Blick auf die US-Serie daher vom Beginn der „Hybrid-Geschichte" als Zäsur in der bundesdeutschen Fernsehkultur. Dies ist insofern übertrieben, als die Vermengung von Fiktion und Fakt in Bezug auf das Genre der historischen Dokumentation keineswegs stilbildend gewirkt hat. Die Darstellung historischer Vorgänge anhand von erfundenen Personen ist die große Ausnahme geblieben. Bis heute ist es Konsens unter Autoren, Produzenten und Redakteuren, dass damit die Grenze zur Unseriösität überschritten wäre.

In anderer Hinsicht hat „Holocaust" allerdings durchaus die Machart historischer Dokumentationen stark beeinflusst. „Holocaust" erzählte ein historisches Ereignis nämlich nicht in „sachlich-analytischer Manier", sondern als Drama, das „Identifikationen, Empathie und Emotionen" ermöglichte (Gries 2012, S. 52). In der Bundesrepublik saßen 14 Mio. Zuschauer vor den Mattscheiben, in der DDR waren es noch einmal 3 Mio. Die Redaktionen wurden mit Anrufen und Zuschauerpost regelrecht überschüttet. Der Publikumserfolg, den „Das Dritte Reich" 1960 gehabt hatte, war längst vergessen und „Holocaust" zeigte nun, dass eine historische TV-Sendung, selbst zu einem Thema wie dem deutschen Massenmord an den europäischen Juden, mainstreamfähig sein konnte. Die Vorstellung, dass dieses Zuschauerinteresse auch mit historischen Dokumentationen geweckt werden könne, wenn diese statt drögem Bildungsfernsehen endlich auch Spannung, Dramatik und Emotionen bieten würden – das war die Erkenntnis, die „Holocaust" brachte.

---

[9] „Holocaust – Die Geschichte der Familie Weiss", Regie: Marvin J. Chomsky, 4 Teile, USA (NBC) 1978.

Und diese Erkenntnis sollte in den achtziger und neunziger Jahren dazu führen, dass an historische Dokumentationen Ansprüche gestellt wurden, die bis dahin fiktionale Produktionen geprägt hatten.

Katalysator des nun einsetzenden Wandlungsprozesses war die Einführung des dualen Rundfunksystems im Jahre 1984. Obwohl die Existenzberechtigung des öffentlich-rechtlichen Rundfunks durch die Einführung von Privatsendern keineswegs in Frage gestellt war; ARD und ZDF vielmehr als inhaltliches Korrektiv eines nur nach Popularitätsgesichtspunkten gestalteten Programms bestätigt wurden und vom Bundesverfassungsgericht eine Existenz- und sogar eine Entwicklungsgarantie zugesprochen bekamen, galt es, auf die Konkurrenz, die ihnen seit Beginn der neunziger Jahren zunehmend Zuschauer abspenstig machte, zu reagieren. Die achtziger und neunziger Jahre waren in diesem Sinne eine Zeit des Übergangs. Die klassische historische Dokumentation „mit ihren langatmigen Gesprächen", den „ausgiebigen schwarz-weißen Filmzitaten" und einem unbeholfenen, „im akademischen Duktus vorgetragenen Kommentar" (Kansteiner 2012, S. 331) begann ganz allmählich auszusterben. In den Redaktionen sprach sich herum, dass der „moralische Zeigefinger", der seit der Reihe „Das Dritte Reich" immer stärker Einzug gehalten hatte, mit dem Griff zur Fernbedienung beantwortet wurde. Was folgte war das Ende des „Erklärfernsehens" und der Beginn des „Erzählfernsehens", wie Thomas Fischer, langjähriger Leiter der Zeitgeschichtsredaktion des SWR es nannte: „Ein geradezu revolutionärer Akt im westdeutschen Fernsehen" (Fischer 2004, S. 518).

Entscheidender Impulsgeber war ein Mann, der sowohl vom Feuilleton, als auch von der universitären Wissenschaft zunächst sehr freundlich rezensiert wurde, dem seit Mitte der neunziger Jahre aber fast durchgängig Ablehnung entgegenschlägt und der seitdem zum Feindbild par excellence avanciert ist: Guido Knopp, der langjährige „Geschichtspapst" des ZDF. Knopp war einer der Ersten, der die Folgen der Einführung des dualen Systems erkannte und daraus seine Schlussfolgerungen für das Genre der historischen Dokumentation zog. Der Fernsehsender, in dem er das tat, das ZDF, hatte schon immer eine etwas andere Rolle gespielt, als die ARD. Das ZDF galt als deutlich konservativer, vor allem regierungsnäher als die ARD – und war durch seine zentralistische Struktur vor allem homogener: Diese Homogenität war die Voraussetzung dafür, dass es einer einzigen Person gelingen konnte, derart prägend ins Programm einzugreifen, wie Guido Knopp dies tat. Eine Redaktion, die sich in erster Linie mit Zeitgeschichte beschäftigte, gab es Anfang der achtziger Jahre in der Mainzer Anstalt noch gar nicht – erst Guido Knopp gelang es, das ZDF zur Gründung einer Redaktion Zeitgeschichte zu überreden, deren Leitung er fortan übernahm. In dem von ihm mit herausgegebenen Buch „Geschichte im Fernsehen" von 1988 präsentierte er sich in scheinbarer Eintracht mit bedeutenden Historikern – auch die bereits zitierten Jürgen Kocka und Heinrich August Winkler kamen zu Wort. Wer Knopps einleitenden Beitrag jedoch genau las, konnte schon ahnen, dass die im Jahrzehnt zuvor gewachsene Übereinkunft zwischen Fernsehmachern und Historikern klammheimlich aufgekündigt worden war. Zwar betonte Knopp, wie wichtig ihm die Zusammenarbeit mit „der Wissenschaft" sci, zugleich wies er ihr freundlich und bestimmt die Rolle eines Zulieferers zu: Zugang zum jeweils neuesten Forschungsstand, insbesondere zu neuen Fakten, privilegierten Zugang zu Archivbeständen – das war es, was er von den Universitätshistorikern erwartete. Die Deutungsmacht an einen Fachberater abzugeben oder auch nur mit ihm zu teilen, wäre dem selbstbewussten Fernsehhistoriker nicht eingefallen. Sein Programm stellte er zudem unter eine Maxime, die nur wenige Historiker in Gänze mitgetragen hätten: „Unsere Chance liegt in Stoffen, die bewegen und Spannung vermitteln. Denn spannend umgesetzt, mit den richtigen Themen und zur rechten Zeit, kann Zeitgeschichte oft brisanter sein als eine Kriminalstory" (Knopp 1988, S. 6).

Es sollte eine Reihe von Jahren dauern, bis Guido Knopp eine Grundform gefunden und etabliert hatte, die die Standards im Umgang mit Zeitzeugen, Archivmaterial und Kommentar neu setzte. Was seine Forderung nach mehr Spannung konkret bedeutete war damals, 1988, somit noch kaum absehbar. Die meisten Historiker überlasen jedoch auch, dass in Knopps programmatischem Entwurf viel von „Identität" die Rede war. „Identitätsfindung" sei eine Aufgabe von „aktuell politischem Gewicht", konstatierte Knopp. In der Bundesrepublik gebe es „nach wie vor ein Defizit an ‚Wir Bewußtsein'". Die Aufgabe der Redaktion Zeitgeschichte sah er darin, dem „wachsenden Bedürfnis" der deutschen Bevölkerung nach Identität durch das Setzen von „Orientierungspunkten" zu entsprechen (Knopp 1988, S. 8).

Unterhaltung und Identitätsstiftung – das waren also die programmatischen Pfeiler seiner Arbeit, „Aufklärung" wurde nur noch genannt, um den Bruch mit den die historische Dokumentation bis dahin prägenden Maßstäben nicht ganz so offensichtlich werden zu lassen, sich das Wohlwollen des Feuilletons nicht zu verscherzen und die Zusammenarbeit mit der universitären Wissenschaft nicht zu gefährden. Doch eigentlich war dies, die Indienststellung der historischen Dokumentation zur (nationalen) Identitätsbildung der Deutschen der eigentliche Casus belli zwischen dem Fernsehen und den Historikern. Um dies zu verstehen, muss man freilich noch etwas weiter ausholen. Denn Mitte der achtziger Jahre schwelte im historischen-politischen Diskurs ebendieser Konflikt um Identitätsstiftung einerseits und Aufklärungsbedürfnis andererseits. Helmut Kohl hatte nach der Wahl zum Kanzler der Bundesrepublik Deutschland den Bau zweier historischer Museen in Bonn und Berlin angekündigt. Die Vorhaben stießen auf heftige Kritik,

denn nicht ohne Grund wurde vermutet, hier solle nicht so sehr der kritischen Be-
trachtung der Geschichte ein Forum geschaffen, sondern vielmehr „das Staatsbe-
wusstsein der Bundesrepublik Deutschland gekräftigt werden" (Greffrath 1985).
In dem wenige Jahre später durch eine Kontroverse zwischen dem Berliner
Historiker Ernst Nolte und dem Frankfurter Philosophen Jürgen Habermas ausgelösten Historikerstreit um die Einzigartigkeit der nationalsozialistischen Judenvernichtung, ging es im Subtext ebenfalls um das „Problem der Identifizierung"
mit der deutschen Geschichte. Die Fixierung auf die „Dämonisierung des Dritten
Reiches" (Nolte 1987, S. 34), so der Tenor eines Teils der deutschen Historikerschaft, von denen zumindest einer, der Erlanger Historiker Michael Stürmer, eine
enge Verbindung zum Bundeskanzler pflegte, würden einer gesunden Identitätsbildung der Deutschen, wie sie nun, vierzig Jahre nach dem Ende des Krieges, in einem Land mit „weltpolitischer und weltwirtschaftlicher Verantwortung" (Stürmer
1987, S. 38) angebracht sei, im Wege stehen. Was für die einen einer „Entsorgung
der deutschen Vergangenheit" (Wehler 1988) gleichkam, war für die andere Seite
eine notwendige Voraussetzung dieser Identitätsbildung. Der Gegensatz zu Jürgen Kockas Postulat aus dem Jahre 1972, es sei Aufgabe der Historiker, ebendiese
(durch kollektive Geschichtsbilder gestützte) Identitätsbildung in Frage zu stellen,
hätte kaum deutlicher sein können.

Betont werden muss allerdings, dass der Versuch der Funktionalisierung der
Geschichte nicht unter Ausklammerung von Auschwitz, sondern unter ausdrücklicher Einbeziehung der „dämonischen" Seiten der Deutschen Geschichte geschah.
Die entscheidenden, einen neuen Konsens bildenden Formulierungen fand Richard
von Weizsäcker in seiner berühmten Rede zum 40. Jahrestag des Kriegsendes im
Deutschen Bundestag: „Wir alle, ob schuldig oder nicht, ob alt oder jung, müssen
die Vergangenheit annehmen", sagte der Bundespräsident an diesem 8. Mai 1985:
„Es geht nicht darum, Vergangenheit zu bewältigen. Das kann man gar nicht. Sie
lässt sich ja nicht nachträglich ändern oder ungeschehen machen. Wer aber vor der
Vergangenheit die Augen verschließt, wird blind für die Gegenwart. Wer sich der
Unmenschlichkeit nicht erinnern will, der wird wieder anfällig für neue Anste-
ckungsgefahren" (von Weizsäcker 1985).

Die meisten Autoren, Regisseure und Redakteure, die die von Guido Knopp
begründete Zeitenwende im deutschen Geschichtsfernsehen mit Leben füllten, waren in den achtziger Jahren, in der Zeit der Weizsäcker-Rede, politisch sozialisiert
worden. Für sie gab es den leugnenden Staat ebenso wenig, wie eine verdrängende
Bevölkerung, der man die NS-Verbrechen im Stile eines Oberlehrers immer wieder
vor Augen führen musste. Der aufklärerische Impuls, der für die Generation davor
so wichtig gewesen war, er hatte sich nicht nur abgenutzt, er erschien unangemes-
sen. Endlich hatten die langatmigen, moralinsauren Geschichtsdokumentationen

ausgedient, in denen sich statt Betroffenheit Langeweile einstellte – das war die Haltung mit der diese Generation sich den neuen Erzählformen im Geschichtsfernsehen zuwandte. Endlich durften handwerkliche Mittel ausprobiert werden, die bis dato Spielfilmen, Musikvideos, Actionfilmen und Thrillern vorbehalten waren: dramatische Kamerafahrten, schnelle Schnittrhythmen, suggestive Musikeinsätze, eine Spannung erzeugende Dramaturgie. Endlich hatten auch die schwerfälligen Experteninterviews ausgedient, in denen sich eitle Professoren an ihren tiefsinnigen Formulierungen ergötzten. Die Zeitzeugen wurden nur noch vor einem dunklen und einfarbigen Hintergrund präsentiert, ihre Statements waren nicht mehr lang und reflektierend, sondern knapp und emotional. Der Kommentar wurde fast auf Telegrammstil reduziert, gerade eben ausreichende Informationen zu Ort und Zeit des Geschehens, die nicht mehr in Konkurrenz zum Bild standen, sondern deren Wirkung verstärkten. Bestand das Genre traditionell „aus einer für die Hauptsendezeit tödlichen Kombination aus Stillstand und den Unterhaltungsfluss zerstörenden Unterbrechungen", erlaube es die neue Filmsprache Knoppscher Provenienz den Zuschauern dagegen, „in einen rasanten, harmonierenderen Bilderfluss einzutauchen und dort für die Dauer der Sendung zu verweilen" – stellte der Historiker Wulf Kansteiner durchaus treffend fest – auch wenn er es nicht als Lob meinte (Kansteiner: 2012, S. 331).

Mit der sechsteiligen Reihe „Der verdammte Krieg – das Unternehmen Barbarossa" aus dem Jahr 1991 und dem ebenfalls sechsteiligen Projekt „Hitler – eine Bilanz" von 1995 hatte Knopp seine filmischen Mittel und Markenzeichen dann so weit entwickelt, dass er sich in die Primetime wagte. Und dieser Sprung in die Hauptsendezeit wurde ein gewaltiger Erfolg: Über vier Millionen Zuschauer sahen die um 20:15 Uhr ausgestrahlte Reihe „Hitlers Helfer" – ein Ausrufezeichen! Der Neid in der ARD war jedenfalls groß. Der Impuls, es dem ZDF nachzumachen, ging vom noch jungen Mitteldeutschen Rundfunk (MDR) aus, in dem die aufklärerische Tradition in Bezug auf die NS-Geschichte schlichtweg fehlte. Als ein erster Versuch, Knopp mit seinen eigenen Mitteln zu schlagen, muss „Die Waffen-SS" des MDR von 1998 angesehen werden.[10] Für diesen Erfolg wurden nicht nur die von der ZDF-Redaktion Zeitgeschichte eingesetzten visuellen Mittel beinahe 1:1 übernommen, es wurde mit Sebastian Dehnhardt für eine der drei Folgen auch ein Regisseur angeworben, der bis dato das Gesicht der ZDF-Dokumentationen geprägt hatte. Nachdem der Miniserie „Die Waffen-SS" ein ähnlicher Publikumserfolg vergönnt war wie zuvor „Hitlers Helfern", revanchierte sich Knopp, in dem er

---

[10] „Die Waffen SS", Teil 1: „Hitlers schwarzer Orden", Regie: Christian Frey; Teil 2: „Hitlers Rassekrieger", Regie: Henry Köhler; Teil 3: Hitlers letztes Aufgebot, Regie: Sebastian Dehnhardt, Deutschland (ARD, MDR 1998).

postwendend die beiden anderen Autoren von „Die Waffen-SS", Henry Köhler und
Christian Frey, vom MDR abwarb – sie hatten ja gezeigt, dass sie das Knoppsche
Instrumentarium beherrschten.[11]

Die Kritik kam mit Verzögerung. Bei „Hitler – eine Bilanz" zeichneten mit
Eberhard Jäckel und Ian Kershaw noch zwei namhafte Historiker als Fachberater
verantwortlich für die Richtigkeit. Die Frankfurter Allgemeine Zeitung kündigte
die Sendereihe als „sehenswert" an (FAZ 1995). Die erste Staffel von „Hitlers
Helfer", die auf „Hitler – eine Bilanz" folgte, wurde moderat kritisiert und erst
mit der zweiten Staffel „Hitlers Helfer", bei der Guido Knopp erstmals Re-enactments einsetzte, brach der Sturm der Entrüstung los (z. B. Jakobs 1999). Kein
geringerer als Frank Schirrmacher bescheinigte dem ZDF in der Frankfurter Allgemeinen Zeitung einen „fast rauschhaften Steigerungs- und Überbietungswillen,"
der „einen Zug ins Irrwitzige" bekommen habe: „Es ist der bislang auffälligste
Versuch, historisches Bewusstsein durch kollektive Nervenreizung zu vernichten"
(Schirrmacher 1988).

Als „Untergang eines Genres" wurde die „Knoppsche Revolution" auch von
den Dokumentarfilmern empfunden. „Der Dokumentarfilm", hatte etwa Klaus Arriens postuliert, sei die Art von Film, bei der es „zuallererst auf Wahrheit ankommt"
(Arriens 1999, S. 6) und diese Wahrheit war „dem schnellen Schnittrhythmus, dem
suggestiven Einsatz von Musik, den cliphaft eingestreuten Zeitzeugenschnipseln,
dem sich objektiv gebärdenden, aber stark wertenden Text und der krimiartigen
Dramaturgie geopfert worden. Die biederen Dokumentationen in der Tradition
des Bildungsfernsehens waren noch toleriert worden, doch das, was die Redaktion
Zeitgeschichte im ZDF verantwortete, hatte aus Sicht der Dokumentarfilmer nichts
mehr mit Dokumentarfilm zu tun. Guido Knopp war es zwar gelungen, die historische Dokumentation aus der Sackgasse des Bildungsfernsehens heraus zu führen,
doch der Preis dafür war die Isolation, die Entfremdung von der Dokumentarfilmgemeinde und der Historikerzunft zugleich.

2.5   Die historische Dokumentation als Mythenproduzent?

Die eingetretene Entfremdung ist jedoch noch nicht der Endpunkt der Entwicklung. Die Fixierung auf Guido Knopp, sein äußerst problematisches, auf Identitätsstiftung zielendes Geschichtsbild und die von ihm und seinen Autoren zuweilen

---

[11] Henry Köhler realisierte für das ZDF im selben Jahr „Hitlers Helfer: Freisler – Der Hin-
richter" Deutschland (ZDF, Arte) 1998 und „Hitlers Krieger: Paulus – Der Gefangene",
Deutschland (ZDF, Arte) 1998; Christian Frey übernahm die Regie u. a. bei „Die SS – Eine
Warnung der Geschichte", Deutschland (ZDF) 2002.

hysterisch eingesetzten filmischen Mittel verstellten zugleich den nüchtern-analytischen Blick. Die Kritik an Knopp entwickelte einen ähnlich rauschhaften Überbietungswillen, wie er in Knopps Produkten selbst zu Tage trat – je härter und polemischer sie daherkam, desto mehr blieb sie an der Oberfläche und übersah, dass die Entwicklung, die mit der Einführung des dualen Systems eingesetzt hatte, immer noch weiterging und mit dem diffamierend gemeinten Kofferwort „Histotainment" nur unzureichend beschrieben war. Viele Redakteure und Regisseure vor allem der ARD standen sowohl dem von Knopp verbreiteten Geschichtsbild, als auch einem Teil der von ihm eingeführten suggestiven filmischen Mittel skeptisch gegenüber. Was SWR-Redaktionsleiter Thomas Fischer gemeint hatte, als er von einem „wahrhaft revolutionären Akt" im bundesdeutschen Geschichtsfernsehen sprach (Fischer 2004, S. 518), waren auch nicht schnelle Schnittrhythmen und suggestive Musikeinsätze gewesen, sondern ein Wechsel der Perspektive und der Erzählhaltung. Den Zuschauern sollten geschichtliche Zusammenhänge nicht mehr von oben herab erklärt werden, es ging darum, ihnen Geschichten zu erzählen – und diese Geschichten sollten die Erfahrungen der Zuschauer aufnehmen. Geschichte sollte nicht mehr aus der Sicht der Herrschenden, der Intellektuellen, der Geschichtsprofessoren, sondern als eine „Geschichte von unten" erzählt werden. Die Autoren und Regisseure begannen ein Feld zu beackern, dem die universitären Historiker in ihrer Mehrzahl keine große Bedeutung zumessen und das von ihnen traditionell vernachlässigt wird: die Alltagsgeschichte.

Eng verbunden mit diesem Perspektivwechsel war eine Neuinterpretation der Rolle der Zeitzeugen. Bereits in „Das Dritte Reich" aus dem Jahr 1960 waren Zeitzeugeninterviews als Erzählebene etabliert worden. Auch in den sechziger, siebziger und achtziger Jahren hatte es Zeitzeugeninterviews in vielen historischen Dokumentationen gegeben – doch in der Regel wurden diese ausgewählt, um politische Vorgänge darzustellen. Bevorzugt kamen Politiker, Diplomaten oder Militärs zu Wort, und diese erzählten nicht von sich, sondern von den Ereignissen, die sie mitgestaltet und von den Entscheidungen, die sie getroffen hatten. Nur in wenigen Ausnahmefällen waren Menschen interviewt worden, die Politik nicht gestaltet, sondern mit den Folgen von Politik zu leben gehabt hatten; fast nie war so das einfache Alltagsleben ins Zentrum historischer Dokumentationen gestellt worden. Jetzt wurden ebendiese Themen zum Pflichtprogramm und die entsprechenden Zeitzeugen zur conditio sine qua non. „Nichts interessiert den Menschen so sehr wie der Mensch" – diese Erkenntnis wurde nun auch auf historische Dokumentationen angewandt. Zeitzeugen, ihre Erfahrungen und Emotionen wurde zum entscheidenden Träger der Dramaturgie (mehr dazu in Kap. IV).

Eines der konsequentesten Beispiele für diese neue Haltung war die ARD-Reihe „Die 50er Jahre – wie wir wurden was wir sind" aus dem Jahr 2005.[12] In den Presseunterlagen hieß es damals, Geschichte solle ausschließlich „als persönliches Erleben, eben so, wie Geschichte tatsächlich erinnert wird", dargestellt werden. Bewusst haben die Regisseure sogar auf die üblichen Archivaufnahmen historisch bedeutsamer Ereignisse verzichtet, um sich vollständig dem Blick von unten widmen zu können.

Gut zu beobachten war der Trend zur Alltagsgeschichte auch bei den Dokumentationen zur „zweiten deutschen Diktatur". Wie selbstverständlich hatte sich die DDR-Geschichte nach 1989 als zweites Geschichtsthema von massenmedialer Bedeutung neben die NS-Geschichte gestellt – und zunächst war den entsprechenden Dokumentationen der gleiche aufklärerischer Duktus zu eigen gewesen, der die Dokumentationen zu NS-Geschichte in den sechziger, siebziger und achtziger Jahren gekennzeichnet hatte. Die erste große Fernsehreihe zur DDR-Geschichte, produziert 1993 vom Mitteldeutschen Rundfunk, war noch ganz dieser Tradition des Erklärfernsehens verhaftet. Sie entstand unter maßgeblicher Beteiligung von Fachhistorikern wie dem Leiter des Arbeitsbereiches DDR-Geschichte an der Universität Mannheim, Hermann Weber. Eine Reihe bekannter DEFA-Dokumentaristen wie Gitta Nickel, Wolfgang Schwarze und Uwe Belz hatten Regieaufgaben übernommen.[13] Doch trotz der guten Einschaltquoten, die wohl mehr dem großen Nachholbedürfnis in Bezug auf die DDR-Geschichte, als der filmischen Darstellung geschuldet waren, setzte sich schnell die Erkenntnis durch, dass diese Form der Geschichtsdarstellung eigentlich überholt war. Die Leipziger Volkszeitung kritisierte die Reihe schon damals: „Noch einmal petrifiziert das Fernsehen selbstredend den Satz, dass angeblich große Männer Geschichte machen, und vergisst die Wegbegleiter, die kleinen Leute, den Mann auf der Straße. Der fragwürdige Blickwinkel ist makrokosmisch orientiert und übersieht mit methodischer Hartnäckigkeit den Unterbau" (Zit.n. Brochhagen 2008, S. 103).

Die Kritik zeigte Wirkung. Bei einer Reihe von Produktionen kam es in der Folgezeit zwar noch zu einer fruchtbaren Zusammenarbeit zwischen zumeist jüngeren Historikern und Filmautoren, beispielhaft seien etwa die Produktionen „Als die Mauer fiel – 50 Stunden, die die Welt veränderten" (Regie: Hans Hermann Hertle, Gunther Scholz, SFB 1999), die aus den akribischen Recherchen Hans-Hermann Hertles hervorging, und „Pulverfass Provinz – der 17. Juni im Bezirk

---

[12] „Die 50er Jahre – wie wir wurden, was wir sind", Regie: Thomas Kufus, Jan Schütte, Deutschland (ARD) 2005.

[13] „Das war die DDR", 6 Teile, Regie: Gitta Nickel, Wolfgang Schwarze, Donath Schober, Gunther Scholz, Uwe Belz, Christian Klemke, Lothar Kompatzki, Anne Worst, Arnold Seul, Martina Körbler, Deutschland (ARD, MDR) 1993.

Halle" (Regie: Ingo Bethke, Ulrich Brochhagen, MDR 1993), die die Erkenntnisse Armin Mitters über das Ausmaß der Protestbewegung auf dem Lande verarbeitete, genannt. Parallel dazu begannen jedoch vor allem der Ostdeutsche Rundfunk Brandenburg (ORB) und der Mitteldeutsche Rundfunk (MDR) sich dem universitären Geschichtsbild zu entziehen und der Alltagsgeschichte der DDR zuzuwenden. Immer im Verdacht ostalgische Gefühle zu bedienen, aber nur selten in wirklicher Gefahr dabei den diktatorischen Grundcharakter der DDR aus den Augen zu verlieren, entstanden Dokumentationen wie „Mahlzeit DDR"[14] oder „Biete blaue Fliesen – suche Trabant."[15] Noch konsequenter auf private Erinnerungen setzten Produktionen wie „8 mm Heimat – Der unverstellte Blick auf die DDR", die ausgehend von privaten 8 mm-Schmalfilmen „Lebenssphären, Privates und Öffentliches" aus der „Froschperspektive" darstellen wollten.[16]

Den Höhepunkt dieser Versuche, in den „Alltag jener 40 Jahre im Arbeiter- und Bauernstaat" einzutauchen, bildete „Damals in der DDR", eine zehnteilige Reihe von MDR und WDR aus dem Jahr 2004, die sich auf die „Gratwanderung begab, den „Alltag in einer Diktatur" zu erzählen, ohne „zu banalisieren" (Brochhagen 2008, S. 103). Trotz des Einsatzes szenischer Rekonstruktionen, die bei Guido Knopp so große Empörung hervorgerufen hatten, wurde die Reihe mit dem Hans-Klein Medienpreis und dem Grimme-Preis ausgezeichnet – offenbar weil ihr diese Gratwanderung gelungen war. Interessant an „Damals in der DDR" ist in diesem Zusammenhang aber vor allem, wie der verantwortliche Redakteur Ulrich Brochhagen sich von den Fachhistorikern abgrenzte: Anders als Historiker, die „in der Regel ein vom Zeitgeist unabhängiges Erkenntnisinteresse" hätten, würden „Fernsehmacher Trends" setzen: „Und sind deren Teil" (Brochhagen 2008, S. 99).

Erinnern wir uns an die Anfänge der historischen Dokumentation Anfang der sechziger Jahre: Huber und seine Mitstreiter sahen es in erster Linie als ihre Aufgabe an, die Gesellschaft mit den unangenehmen, von ihnen ausgeblendeten Aspekten der Vergangenheit zu konfrontieren. Jetzt machten sich die Fernsehhistoriker plötzlich daran, die Trends aus der Bevölkerung aufzunehmen, sie machten sich zum Sprachrohr der Bevölkerung, zum Transmissionsriemen des Zeitgeistes! Sie boten dem Erinnerungsbedürfnis der Bevölkerung eine Plattform – und nahmen dafür sogar in Kauf, sich im Zweifelsfall gegen die Geschichtswissenschaft und deren Erkenntnisse zu positionieren. Vermutlich niemals zuvor ist das universitäre

---

[14] „Mahlzeit DDR", Dokumentation in 4 Teilen, Regie: Lutz Rentner, Andreas Kuno Richter, Frank-Otto Sperlich, Deutschland (MDR) 2003.

[15] „Biete blaue Fliesen – suche Trabant. Glück und Mangel in der Wunderwirtschaft DDR", Deutschland (MDR) 2000.

[16] „8 mm Heimat. Der unverstellte Blick auf die DDR", Regie: Jens Stubenrauch, Titus Richter, Deutschland (Arte, RBB) 2004.

Geschichtsbild so sehr gezwungen worden, sich an individuell-persönlich tradier-
ter Erinnerung zu messen. Nur vor dem Hintergrund dieser Herausforderung, der
sich die Historiker stellen müssen, wird die Polemik des Historiker Wulf Kansteiner verständlich, Zeitzeugen würden dem Historiker vor allem deswegen als
Gesprächspartner vorgezogen, weil jener „einfach nicht genug vor der Kamera"
weinen würde (Kansteiner 2012, S. 353). Und auch die bereits in der Einleitung
zitierte Aussage des Hamburger Geschichtsdidaktikers Bodo von Borries, 80 % der
historischen Dokumentationen seien schlicht „schädlich", ergibt erst angesichts
der neuen Konkurrenzsituation einen Sinn (von Borries 2001, S. 222).

Die Historikerschaft geht mit dieser Herausforderung um, indem sie die Autoren, Regisseure, Redakteure und vor allem ihre Produkte zum Forschungsgegen-
stand erklärt hat. Entgegen kommt ihr dabei ein erneuter Paradigmenwechsel der
Geschichtswissenschaft. Seit der Etablierung der Geschichtswissenschaft im 19.
Jahrhundert galt es als wichtigste Aufgabe der Historiker, den Mythos von der
Realität zu trennen. Quellen sollten (und sollen) in diesem Sinne vor ihrer Verwen-
dung einer ausgiebigen „Quellenkritik" unterzogen, Thesen sorgsam abgewogen
und Werturteile weitgehend vermieden werden. Objektivität war das hehre Ziel,
das nie wirklich erreicht wurde. Der neue, mit den Begriffen „Erinnerungsort" und
„Gedächtniskultur" operierende Forschungsansatz geht von vollkommen anderen
Voraussetzungen aus. Aus der Einsicht, dass es nicht gelingen kann, Mythos und
Realität voneinander zu trennen, ist der Wunsch entstanden, den Mythos und die
Funktion, die er für eine Gemeinschaft oder Gesellschaft hat, in die Darstellung
einzubeziehen. Jeder Mythos, so die These, hat eine Bedeutung in der Realität;
er ist damit selbst „real" – und muss, will man eine Gesellschaft und ihre Vergangenheit verstehen, beschrieben werden. Umgekehrt wirkt jede Beschreibung
auf den Mythos zurück, sie verändert ihn, sie bricht mit ihm oder schreibt ihn fort.
Von diesem Gedanken ausgehend hat der französische Historiker Pierre Nora in
seinem bahnbrechenden Buch „Les Lieux de mémoire" eine Geschichtsschreibung
„zweiten Grades" gefordert, die die Beschreibung des Mythos in die Darstellung
von Geschichte einbezieht. (Nora 2005, S. 16) Je stärker das Fernsehen sich my-
thischer Erzählstrukturen bedient (siehe dazu vor allem Kap. IV), je stärker es
sich einer Gruppe und der von ihr vorgetragenen Erinnerungen anvertraut, desto
stärker wird es Teil des Prozesses, durch den Mythen überhaupt erst entstehen, es
wird zum „machtvollsten Mythenproduzenten" überhaupt (Abosch 1993, S. 141).
Im Zusammenhang mit dieser These steht die Forderung der Historikerin Andrea
Brockmann, sich endlich von der Vorstellung zu lösen, das Fernsehen sei eine „historiographische Gattung": Weder würde das Fernsehen Geschichte „mit Bildern"
schreiben, noch „konkurriere es mit der historiographischen Fachwissenschaft
oder verlängere deren Diskurs". Es erzähle Vergangenes vielmehr „nach eigenen

Gesetzmäßigkeiten." Die Folgerung liegt auf der Hand: „Das Fernsehen ist kein Medium der Geschichtsschreibung, sondern zählt zu den Gedächtnismedien der Erinnerungskultur und muss daher zu einem festen Gegenstandsbereich historiographischer Forschung werden" (Brockmann 2006, S. 317).

Sind die Zuschreibungen korrekt? Übersieht die Dichotomie – hier die von hehren Erkenntnisinteressen geleiteten Fach-, dort die als „Mythenproduzenten" tätigen Fernsehhistoriker – nicht, dass auch Historiker mit ihren Produkten auf die Erinnerungskultur Einfluss nehmen? Übersieht die Diffamierung des Fernsehens als „Mythenproduzent" nicht eine Vielzahl an politischen, kritischen, aufklärerischen historischen Dokumentationen, die, wenn nicht in der Primetime von ARD oder ZDF, dann aber doch in den Programmen von Phoenix, 3Sat und ARTE immer noch zu finden sind? Haben sich die Autoren und Regisseure wirklich von den Objektivitätskriterien der Historiker so weit verabschiedet, dass die gemeinsame Basis zerstört ist? Vor allem: Was ist eigentlich verwerflich daran, den privaten Geschichtsbildern eine Plattform zu bieten und diese so der gesamtgesellschaftlichen Diskussion (und auch einer möglichen Korrektur) zugänglich zu machen? Wo liegen die Gefahren einer solchen, auf den Erinnerungen von Zeitzeugen basierenden Geschichtserzählung; und wie gehen die Regisseure, Redakteure und Produzenten in der Praxis mit diesen Gefahren um?

Mit den Fragen, die Heinz Huber bereits Anfang der sechziger Jahre stellte, sehen sich die Autoren und Regisseure historischer Dokumentationen jedenfalls noch heute bei jeder einzelnen Produktion konfrontiert: Wie kann sichergestellt werden, dass nur authentisches Archivmaterial verwendet wird? Wie geht man mit Material um, dass in propagandistischer Absicht entstanden ist? Welche Kriterien gibt es für den Umgang mit fehlerhaften, erkennbar geschönten oder verharmlosenden Erinnerungen von Zeitzeugen? Wie können Vorgänge erzählt werden, die aus unterschiedlichsten Gründen nicht im Bild festgehalten wurden? Welche Aufgabe hat der Kommentartext?

All diese Fragen sollen nun, vor dem Hintergrund der vergangenen und gegenwärtigen Debatten und unter Einbeziehung der jeweiligen Argumente in den folgenden Kapiteln mit Hilfe von praktischen Beispielen diskutiert und erläutert werden.

Literatur

Klaus Arriens: Wahrheit und Wirklichkeit im Film. Philosophie des Dokumentarfilms, Würzburg 1999 (Arriens 1999).
Peter Borowsky, Barbara Vogel, Heide Wunder: Einführung in die Geschichtswissenschaft, Opladen 1989 (Borowsky, Vogel, Wunder 1989).

Bodo von Borries: „Was ist dokumentarisch am Dokumentarfilm? Eine Anfrage aus geschichtsdidaktischer Sicht, in: Geschichte in Wissenschaft und Unterricht (GWU) 52(2001), S. 220–227 (von Borries 2001).

Andrea Brockmann: Erinnerungsarbeit im Fernsehen. Das Beispiel des 17. Juni 1953, Köln u. a. 2006 (Brockmann 2006).

Ulrich Brochhagen: DDR mal zwei: Zwei Geschichtsserien im Vergleich, in: Thomas Fischer und Rainer Wirtz (Hrsg.): Alles authentisch? Popularisierung der Geschichte im Fernsehen, Konstanz 2008, S. 99–108 (Brochhagen 2008).

Brewster S. Chamberlain: Todesmühlen. Ein früher Versuch zur Massen-"Umerziehung" im besetzten Deutschland 1945–1946, in: Vierteljahrshefte für Zeitgeschichte, Jg. 29 (1981), S. 420–436 (Chamberlain 1981).

FAZ: „Heute sehenswert", in: FAZ 12.11.1995, S. 36 (FAZ 1995).

Thomas Fischer: Geschichte als Ereignis. Das Format Zeitgeschichte im Fernsehen, in: Fabio Crivellari u. a. (Hrsg.): Die Medien der Geschichte. Historizität und Medialität in interdisziplinärer Perspektive, Konstanz 2004, S. 511–529 (Fischer 2004).

Christiane Fritsche: Vergangenheitsbewältigung im Fernsehen, München 2003 (Fritsche 2003).

Hermann Glaser: Kulturgeschichte der Bundesrepublik Deutschland, Bd. 2, München 1986 (Glaser 1986).

Mathias Greffrath: Nur ja nichts Kleinliches, in: Die Zeit, 11. Oktober 1985 (Greffrath 1985).

Rainer Gries: Vom historischen Zeugen zum professionellen Darsteller, Probleme einer Medienfigur im Übergang, in: Martin Sabrow und Norbert Frei (Hrsg.): Die Geburt des Zeitzeugen nach 1945, Göttingen 2012, S. 49–70 (Gries 2012).

Heinz Huber: Dokumentarische Wirklichkeit im Fernsehen, in: Rundfunk und Fernsehen Heft 2, Jg. 1956, S. 156–158 (Huber 1956).

Heinz Huber: Schwierigkeiten zeitgeschichtlicher Fernseharbeit (Teil 1), in: Fernsehinformationen Heft 6, Jg. 1963, S. 122–127 (Huber 1963/1).

Heinz Huber: Die Zeitgeschichte auf dem Bildschirm (Teil 2), in: Fernsehinformationen Heft 7, Jg. 1963, S. 155–158 (Huber 1963/2).

Heinz Huber: Die Zeitgeschichte auf dem Bildschirm (Teil 3), in: Fernsehinformationen Heft 8, Jg. 1963, S. 181–184 (Huber 1963/3).

Heinz Abosch: Das Ende der großen Visionen. Plädoyer für eine skeptische Kultur, Hamburg 1993 (Abosch 1993).

Hans-Jürgen Jakobs: „Die Clip-Schule vom Lerchenberg", in: Der Spiegel 46 vom 15.November 1999, S. 136–138.

Wulf Kansteiner: Aufstieg und Abschied der NS-Zeitzeugen, in: Martin Sabrow und Norbert Frei (Hrsg.): Die Geburt des Zeitzeugen nach 1945, Göttingen 2012, S. 320–353. (Kansteiner 2012).

Guido Knopp: Geschichte im Fernsehen. Perspektiven der Praxis, in: Guido Knopp und Siegfried Quandt (Hrsg.): Geschichte im Fernsehen. Ein Handbuch, Darmstadt 1988 (S. 1–9).

Jürgen Kocka: Wozu noch Geschichte? Die sozialen Funktionen der historischen Wissenschaften, in: Die Zeit vom 3. März 1972 (Kocka 1972).

Sylvie Lindeperg: Nacht und Nebel. Ein Film in der Geschichte, Berlin 2010 (Lindeperg 2010).

Ernst Nolte: Zwischen Geschichtslegende und Revisionismus?, in: „Historikerstreit" – Die Dokumentation der Kontroverse um die Einzigartigkeit der nationalsozialistischen Judenvernichtung, München 1987, S. 13–35 (Nolte 1987).

Pierre Nora: Wie läßt sich heute eine Geschichte Frankreichs schreiben, in: Pierre Nora (Hrsg.): Erinnerungsorte Frankreichs, S. 15–23, München 2005 (Nora 2005).

Hanns-Georg Rodek: Wie der KZ-Film „Nacht und Nebel" missbraucht wurde, in: Die Welt, 25.01.2011 (Rodek 2011).

Gerd Ruge: Unterwegs. Politische Erinnerungen, München 2013 (Ruge 2013).

Frank Schirrmacher: Hitler – nach Knopp. Enthusiasmus des Bösen – Die neue Ästhetik des ZDF, in: FAZ, 18. April 1998 (Schirrmacher 1998).

Der Spiegel 22 (1961): Abend-Schule, S. 22 (Der Spiegel 1961).

Rüdiger Steinmetz und Helfried Spitra (Hrsg.): Dokumentarfilm als „Zeichen der Zeit". Vom Ansehen der Wirklichkeit im Fernsehen, München 1989 (Steinmetz/Spitra 1989).

Michael Stürmer: Geschichte in einem geschichtslosen Land, in: „Historikerstreit" – Die Dokumentation der Kontroverse um die Einzigartigkeit der nationalsozialistischen Judenvernichtung, München 1987, S. 36–38 (Stürmer 1987).

Rainer C.M. Wagner: Grimme-Preise meterweise, in: Unsere Medien - unsere Republik, Marl 1990 (Wagner 1990).

Richard von Weizsäcker: Ansprache des Bundespräsidenten am 8. Mai 1985 anlässlich des 40. Jahrestages der Beendigung des Zweiten Weltkrieges, Berlin 1985 (von Weizsäcker 1985).

Thomas Schadt: Das Gefühl des Augenblicks. Zur Dramaturgie des Dokumentarfilms, Konstanz 2012 (Schadt 2012).

Heinrich August Winkler: Zeitgeschichte im Fernsehen, in: Guido Knopp und Siegfried Quandt (Hrsg.:) Geschichte im Fernsehen. Ein Handbuch, Darmstadt 1988, S. 271–280 (Winkler 1988).

Filmografie

„8 mm Heimat. Der unverstellte Blick auf die DDR", Regie: Jens Stubenrauch, Titus Richter, Deutschland (Arte, RBB) 2004.

„Als die Mauer fiel - 50 Stunden, die die Welt veränderten" Regie: Hans Hermann Hertle, Gunther Scholz, Deutschland (SFB) 1999.

„Als wär's ein Stück von Dir...", Regie: Peter Schier-Gribowsky, Deutschland 1959.

„Biete blaue Fliesen – suche Trabant. Glück und Mangel in der Wunderwirtschaft DDR", Deutschland (MDR) 2000.

„Das war die DDR", 6 Teile, Regie: Gitta Nickel, Wolfgang Schwarze, Donath Schober, Gunther Scholz, Uwe Belz, Christian Klemke, Lothar Kompatzki, Anne Worst, Arnold Seul, Martina Körbler, Deutschland (ARD, MDR) 1993.

„Der Prozess", Regie Eberhard Fechner, 3 Teile, Deutschland (NDR) 1984.

„Die 50er Jahre – wie wir wurden, was wir sind", Regie: Thomas Kufus, Jan Schütte, Deutschland (ARD) 2005.

„Die deutsche Bundeswehr", Regie: Heinz Huber, Deutschland (ARD, SDR) 1956.

„Die SS – Eine Warnung der Geschichte", Regie: Christian Frey, Deutschland (ZDF) 2002.

„Die Waffen SS", Teil 1: „Hitlers schwarzer Orden", Regie: Christian Frey; Teil 2: „Hitlers Rassekrieger", Regie: Henry Köhler; Teil 3: Hitlers letztes Aufgebot, Regie: Sebastian Dehnhardt, Deutschland (ARD, MDR 1998).

„Hitlers Helfer: Freisler – Der Hinrichter", Regie: Henry Köhler, Deutschland (ZDF, Arte) 1998.

„Hitlers Krieger: Paulus – Der Gefangene", Regie: Henry Köhler, Deutschland (ZDF, Arte) 1998.

„Holocaust – Die Geschichte der Familie Weiss", Regie: Marvin J. Chomsky, 4 Teile, USA (NBC) 1978.

„Mahlzeit DDR", Dokumentation in 4 Teilen, Regie: Lutz Rentner, Andreas Kuno Richter, Frank-Otto Sperlich, Deutschland (MDR) 2003.

„Nacht und Nebel" (Nuit et Brouillard), Regie: Alan Resnais, Frankreich 1955.

„Pulverfass Provinz – der 17. Juni im Bezirk Halle", Regie: Ingo Bethke, Ulrich Brochhagen, Deutschland (MDR) 1993.

„Shoah", Regie: Claude Lanzmann, 2 Teile, Frankreich 1975.

„Todesmühlen" (Death Mills), Regie Hanus Burger, Deutschland (OMGUS) 1945.

„Der Tod ist ein Meister aus Deutschland. Der Mord an den europäischen Juden", Regie Lea Rosh, Eberhard Jäckel, 4 Teile, Deutschland (ARD, SFB) 1990.

Der Produktionsprozess Teil 1: Vorbereitungen

3

3.1 Die Akteure

Der Produktionsprozess einer historischen Dokumentation unterscheidet sich in vielen Abläufen kaum von dem einer Reportage, eines Features oder einer Wissenschaftsdokumentation. Wie bei fast allen Fernsehproduktionen handelt es sich um einen extrem arbeitsteiligen Prozess, bei dem die Rollen zwischen Autor, Regisseur, Kameramann, Cutter, Rechercheur, Produktionsleiter, Produzent und Redakteur klar verteilt sind. Im Gegensatz zu vielen anderen Fernsehformaten sind bei einer historischen Dokumentation die Aufgaben des Autors und des Regisseurs jedoch oft nicht in einer Person vereint. Dies hat damit zu tun, dass ausgebildete Regisseure nicht immer über die nötigen historischen Kenntnisse verfügen. Umgekehrt sind auch die Anforderungen an die Regieleistung so groß, dass diese Aufgabe nicht ohne weiteres auch von einem historisch geschulten Autor übernommen werden kann. Bei der Titeleinblendung „ein Film von", werden meist beide Namen, die des Autors und die des Regisseurs genannt, weil sie gemeinschaftlich für die inhaltliche Aussage des Filmes stehen. Zugleich ist eine solch exklusive Nennung natürlich vollkommen irreführend: Nur mit Hilfe eines kenntnisreichen Rechercheurs werden Autor und Regisseur in der Lage sein, die nötigen Kontakte zu knüpfen und das nötige Material herbei zu schaffen. Nur ein engagierter, hartnäckiger Produktionsleiter wird für sie die nötigen Drehgenehmigungen erwirken. Nur ein neugieriger Kameramann, der den Erzählungen der Zeitzeugen mit Interesse folgt, wird Bilder liefern, in denen sich die Intensität der Gespräche abbildet. Nur ein Cutter, der sich den Bildern und Interviews, die sich plötzlich in großer Menge in seinem Schnittcomputer wiederfinden, neugierig nähert, wird dem Regisseur ein wichtiger Partner bei dem Versuch sein, die interessantesten Aussagen der Zeitzeugen zu destillieren und der Erzählung Struktur und Rhythmus zu geben. Die Aufzählung ließe sich fortsetzen für Komponist, Grafiker, Sprecher usw.

© Springer Fachmedien Wiesbaden 2015
J. N. Lorenzen, *Zeitgeschichte im Fernsehen*, Praxiswissen Medien,
DOI 10.1007/978-3-658-09944-2_3

Eine Sonderrolle nehmen Produzent und Redakteur ein. Beide sind, sowohl in finanzieller, als auch inhaltlicher Hinsicht, Auftraggeber. Der Redakteur vertritt hierbei die Sendeanstalt, der Produzent die Interessen der Produktionsfirma. Als Auftraggeber sind sie berechtigt, Ansprüche zu stellen und ihr Missfallen zu äußern: über die Qualität der vom Dreh mitgebrachten Bilder, die Oberflächlichkeit der Zeitzeugeninterviews, die Schlampigkeit des Schnitts oder die Unzulänglichkeit der dramaturgischen Konstruktion. Bei ihren inhaltlichen und dramaturgischen Überlegungen handelt es sich nicht um bloße Anregungen, die dem Ermessen des Regisseurs überlassen bleiben, sondern um klare Forderungen. Das Verhältnis des Regisseurs zu Redakteur und Produzent ist daher, ganz im Gegensatz zu den anderen Teammitgliedern, die uneingeschränkt als Verbündete des Autors bzw. des Regisseurs gelten können, nur selten frei von Spannungen. Im besten Fall ist es, meist erst nach Jahren gemeinsamer Arbeit, von gegenseitigem Respekt geprägt.

Wie bei fast allen längeren Fernsehformaten ist Kommunikation im gesamten Herstellungsprozess ein entscheidender Faktor. Sowohl Autor als auch Regisseur müssen in der Lage sein, Anregungen aufzunehmen, sich auf Ideen anderer einzulassen und sich diese zu eigen zu machen. Sie müssen dabei aufpassen, nicht selbst orientierungs- oder meinungslos zu werden. Autor und Regisseur müssen sowohl einen starken eigenen Gestaltungswillen entwickeln als auch in der Lage sein, die eigene Vorstellung den anderen Beteiligten verständlich darzulegen und sie zur Diskussion zu stellen. Der erste Schritt, um diesen Kommunikationsprozess in Gang zu setzen, ist das Exposé. Ein Exposé zwingt den Autor, „seine inhaltlichen Überlegungen so zu konzentrieren, das Thema und seine filmische Umsetzung für ihn selbst, sowie für Dritte klar erkennbar und verständlich werden," wie Thomas Schadt schreibt (Schadt 2012, S. 169). Es ist zugleich die Bewerbung um den Auftrag einer Redaktion: Wie muss ein Exposé aussehen, damit es von einem Redakteur zur Kenntnis genommen, gelesen und der Vorschlag in Betracht gezogen wird? Und welche Themen sind es, mit denen man bei den Redaktionen Erfolg haben kann?

3.2 Themenfindung und Exposé

Die Frage, wie Themen zustande kommen und welche Exposés zu welchem Zeitpunkt, aus welchem Grund und von welcher Redaktion aufgegriffen und für programmtauglich erachtet werden, ist eines der diskussionswürdigsten Probleme im Zusammenhang mit historischen Dokumentationen überhaupt. Die bloße Themenwahl kann das Geschichtsbewusstsein in einer Stadt, in einer Region oder in einem Land erheblich beeinflussen. Thematisiere ich das KZ am Rande der Stadt – oder interessiere ich mich vielmehr für die Geschichten der vom Bombenkrieg betroffenen Einwohner? Porträtiere ich ein Opfer der Staatssicherheit oder erzähle ich den Krieg der Geheimdienste in Ost und West als spannende Spionagestory?

Erschwert wird die Beantwortung der Frage nach der Themenwahl vor allem dadurch, dass die Entscheidungsprozesse vollkommen intransparent ablaufen. Ein Autor oder Regisseur, der sich mit einem Themenvorschlag an eine Geschichtsredaktion wendet, erhält, wenn er nicht überraschend zu einem Gespräch eingeladen wird, meist nur eine standardisierte Absage ohne Angaben von Gründen. Im Gegensatz etwa zur Nachrichtenforschung, die sich ausgiebig mit der Frage beschäftigt hat, wie entsprechende Redaktionen arbeiten und was eine Neuigkeit zur Nachricht qualifiziert (vgl. Lippmann 1922 und Tuchman 1978), sind im Bereich der historischen Dokumentationen bisher keine halbwegs verbindlichen Kriterien entwickelt worden, nach denen eine Auswahl erfolgen könnte oder sollte. Obwohl viele Redakteure in diesem Sinne offen zugeben, dass sie aus dem Bauch heraus entscheiden („In dem Thema ist Musik drin"), fallen die Entscheidungen dennoch alles andere als willkürlich. Es sind nämlich nicht so sehr die persönlichen Vorlieben und Interessen der Entscheidungsträger, die Redakteure handeln vielmehr im Sinne der journalistischen Haltung und Erzähltradition der Redaktion bei der sie angestellt sind. In einigen Anstalten wird die politisch-kritische Geschichtsdokumentation bevorzugt, bei anderen Sendern erhält ein alltagsbezogenes Geschichtsbild den Vorrang. Während manche Redaktionen aus einer aufklärerischen, journalistischen Grundhaltung agieren, dominiert in anderen Häusern eine eher auf regionale Identitätsstiftung oder auf pure Unterhaltung ausgerichtete Themenwahl.

Des Weiteren hat sich, in Abhängigkeit dieser unterschiedlichen Erzähltraditionen, in den Geschichtsredaktionen ein etwas diffuser und schwer zu verbalisierender Erfahrungsschatz angesammelt, auf den die Redakteure bewusst oder unbewusst immer wieder zurückgreifen. Welche Themen „funktionieren" beim Zuschauer – und welche nicht? Am besten nähert man sich diesem Erfahrungsschatz, wenn man sein Zustandekommen als eine Wechselwirkung zwischen Redakteur und Zuschauer begreift: Der Redakteur bietet etwas an, der Zuschauer beantwortet dieses Angebot mit mehr oder weniger großem Zuspruch. Der Redakteur modifiziert sein Angebot, und versucht an der Zuschauerreaktion zu erkennen, ob die Veränderung erfolgreich war und angenommen wurde – oder nicht. So sehr Redakteure auch nach neuen Ideen rufen: in der Praxis werden wirkliche inhaltliche Experimente nur selten gewagt. Das Kerngeschäft besteht vielmehr in einer schrittweisen Fortentwicklung und Modifikation von bewährten Inhalten. Als „Fixierung auf die Einschaltquote" ist diese Praxis von Medienwissenschaftlern oft kritisiert worden – doch diese Kritik trifft nur die Oberfläche. In Wirklichkeit hat die Zuschauerfixierung nicht nur negative, noch genauer zu beschreibende

Folgen, sondern auch eine extrem positive Wirkung: Die ständige Rückmeldung des Zuschauerzuspruchs über die Einschaltquote führt nämlich dazu, dass selbst bürokratische Monster wie die öffentlich-rechtlichen Sendeanstalten zu schnellen Reaktionen auf gesellschaftliche Stimmungen gezwungen werden. Die in der Gesellschaft be- und entstehenden Bedürfnisse, bestimmte historische Sachverhalte, Zusammenhänge oder Ereignisse zu thematisieren und zu diskutieren, werden vom Medium Fernsehen viel schneller wahrgenommen und aufgegriffen, als etwa von der akademischen historischen Zunft an den Universitäten. Die Frage, die damit am Anfang steht, ist also nicht: warum thematisiert eine Redaktion ein bestimmtes Thema, sondern warum interessieren sich Zuschauer für bestimmte historische Sachverhalte, während andere ihnen vollkommen gleichgültig sind?

Ausgangspunkt der an dieser Stelle anzustellenden grundsätzlichen Überlegungen ist die von dem französischen Soziologen und Philosophen Maurice Halbwachs erstmals formulierte „Theorie der Erinnerung". Wie ein Individuum, das ein individuelles Gedächtnis herausbildet, so ist auch eine Gruppe von Menschen zu einer gemeinsamen Gedächtnisleistung fähig – dies ist die zentrale These von Halbwachs, und er versah diese gemeinschaftliche Gedächtnisleistung mit dem Begriff „kollektives Gedächtnis" (Halbwachs 1950). In der weiteren Ausdifferenzierung seiner Theorie entstand dann die Vorstellung, dass sich das kollektive Gedächtnis aus dem „kommunikativen Gedächtnis" und dem „kulturellen Gedächtnis" zusammensetzt. Das „kommunikative Gedächtnis" lebt von der mündlichen Weitererzählung und ist dementsprechend auf einen Zeitraum von etwa drei Generationen nach dem Zeitpunkt des Geschehens begrenzt. Im Gegensatz dazu steht das „kulturelle Gedächtnis", welches nicht an Personen gebunden ist. Hierbei handelt es sich vielmehr um niedergeschriebene, also kulturell fixierte und für die Nachwelt konservierte Erinnerungen – auch über die dritte Generation nach dem Ereignis hinaus. Die Hyperinflation des Jahres 1923 etwa war Teil des „kommunikativen Gedächtnisses", bevor es durch die Mechanismen der Geschichtsschreibung in das „kulturelle Gedächtnis" Eingang gefunden hat. Das gleiche gilt etwa für die verheerenden Luftangriffe der Alliierten auf deutsche Großstädte seit Sommer 1943, die zunächst Teil der persönlichen, individuellen Erinnerung, dann durch Erzählungen Teil des „kommunikativen Gedächtnisses" geworden sind und schließlich ins „kollektive Gedächtnis" aufgenommen wurden.

Betrachtet man nun die Themen der Geschichtsdokumentationen (vor allem der letzten 20 Jahre), dann fällt auf, dass das bundesdeutsche Geschichtsfernsehen immer dann besonders erfolgreich gewesen ist, wenn es sich des kommunikativen Gedächtnisses bedient hat, es zum kulturellen Gedächtnis in Bezug gesetzt hat und damit Einfluss auf das kollektive Gedächtnis insgesamt genommen hat. Die bereits in Kapitel II angeführte Sendereihe „Damals in der DDR" war eine Reaktion auf

die „Ostalgie-Welle", in der sich ab Mitte der 1990er Jahre das Bedürfnis eines
Großteils der ostdeutschen Bevölkerung artikulierte, sich nicht nur der repressiven
Politik einer Diktatur zu erinnern, sondern auch den Alltag in der DDR in den
Blick zu nehmen. Die vielgeschmähten Sendereihen über die NS-Geschichte aus
der ZDF-Redaktion Zeitgeschichte müssen in eben diesem Sinne als eine Reaktion
auf einen – möglicherweise durch die deutsche Vereinigung ausgelösten – Identi-
tätsfindungsprozess begriffen werden, bei dem in der Gesellschaft das Bedürfnis
entstand, sich der NS-Geschichte ein weiteres Mal zu nähern, diesmal aber die
eigenen, individuellen Erlebnisse und Gefühle (also das kommunikative Gedächtnis) stärker als dies bisher geschehen war, in den Vordergrund zu rücken und in
Bezug zum kulturellen Gedächtnis zu setzen. Der oben thematisierte Erfahrungsschatz der Redakteure hat folglich wenig gemein mit dem, was man üblicherweise
als journalistisches Gespür für Themen bezeichnet; auch die journalistischen Auswahlkriterien wie sie etwa in der Nachrichtenberichterstattung oder im Magazin-
journalismus unerlässlich sind, geben keine Hilfestellung. Es geht vielmehr darum,
ein Gespür dafür zu entwickeln, welche Themen für die Identität und den historischen Diskurs einer Gesellschaft (und nicht deren Eliten!) von Bedeutung sind.

Die Kehrseite dieser Medaille ist zum einen eine enorme Fixierung auf die Themen, die für die deutsche Mehrheitsgesellschaft relevant sind. Ethnische, kulturelle, soziale, religiöse oder auch sexuelle Minderheiten und ihre jeweiligen „kommunikativen Gedächtnisse" haben kaum eine Chance in der Primetime der Hauptprogramme eine Plattform zu finden. Fast vollständig aus dem Repertoire verbannt
wurden zudem historische Dokumentationen zu ausländischen Ereignissen. Die
Versuche, sich etwa den Moskauer Schauprozessen 1932, dem Ungarischen Aufstand 1956 oder dem Putsch in Chile 1973 zu nähern, führten regelmäßig zu einem
Quoten-Desaster.

Der zweite äußerst bedenkliche Effekt entsteht aus dem Wunsch der Redakteure, einen einmal erreichten Erfolg zu konservieren. Bestimmte Stoffe, die ihre
Massentauglichkeit nachgewiesen haben, werden immer wieder perpetuiert. Betrachtet man wiederum genauer, welche Stoffe dies im Konkreten betrifft, dann
stellt man eine wenig erstaunliche Deckungsgleichheit mit den Themen fest, die
die Historiker als „Erinnerungsorte der Deutschen Geschichte" ausgemacht haben: (Nationale) Mythen, die zum untrennbaren Bestandteil der (deutschen) historischen Identität und dem (deutschen) kollektiven Gedächtnis gehören: Hitler als
Inkarnation des Bösen; Stalingrad als Ort, an dem die Niederlage für die deutsche
Bevölkerung „sichtbar" wurde; Dresden als zentraler Opfermythos. Auch im Bereich der DDR hat sich das, was unmittelbar nach 1989 als eine, einem natür-
lichen Nachholbedürfnis entspringende Identitätssuche begann, zu einer in sich
konsistenten Geschichtserzählung entwickelt, die längst einem mythologischem

Kanon folgt: Die Stasi als Sündenbock; der Mauerbau als Trauma der Teilung; der „Aufstand vom 17. Juni 1953" und die „Friedliche Revolution" als Heldenepos. Anstatt den mythologischen Charakter dieser Art der Geschichtserzählung zu brechen oder zumindest auf die identifikatorische Funktion hinzuweisen, die diese Art der Geschichtsfortschreibung für die deutsche Gesellschaft hat, werden die immer gleichen historischen Mythen immer neu bedient.

Die angestellten Betrachtungen gelten zwar vor allem für die Primetime der Hauptprogramme, doch auch in den Dritten Programmen erfolgt die Themenwahl prinzipiell nach denselben Kriterien, nur dass die Themen nicht von nationaler Bedeutung sein müssen, sondern lediglich das regionale „kommunikative Gedächtnis" ansprechen und Regionalidentitäten bedienen sollten. Der Norddeutsche Rundfunk wird sich ebenso wenig für die Geschichte des Bergsteigens oder der Alpen interessieren, wie sich der Bayerische Rundfunk für die Geschichte der Hanse, der Reeder oder der Seefahrt insgesamt erwärmen wird. Problematisch wird es für die Sendeanstalten immer dort, wo die regionalen historischen Identitäten extrem uneinheitlich sind. Besonders der Rundfunk Berlin Brandenburg (RBB) muss dies immer wieder leidvoll erfahren: Während eine Dokumentation über den Schah-Besuch in Deutschland und den Tod von Benno Ohnesorg in Berlin im Juni 1967 fast automatisch gute Einschaltquoten im ehemaligen Westteil der Stadt generiert, wird sie im ehemaligen Ost-Berlin und im Land Brandenburg gar nicht erst eingeschaltet. Und auch umgekehrt scheint sich kaum ein Westberliner für das Urlaubsgefühl der Ostdeutschen in Prerow oder am Balaton zu interessieren.

Angesichts dieser Feststellungen ist es nicht mehr überraschend, dass viele Themen zunächst redaktionsintern diskutiert oder festgelegt werden und erst in einem zweiten Schritt Autoren oder Firmen angesprochen werden, denen zugetraut wird, das Thema angemessen umzusetzen. Das Thema kommt dann gewissermaßen zum Autor und Regisseur. Dies gilt zum Beispiel für fast alle Serien („Die Waffen-SS"; „Der Bombenkrieg"), es gilt für viele Dokumentationen, die zu Jahrestagen erstellt werden (Ausnahmen kommen nur vor, wenn ein Autor oder Regisseur passend zum Jahrestag mit sensationellem Archivmaterial, besonderen Zeitzeugen oder einem neuen Ansatz aufwarten kann), und es gilt für Begleitdokumentationen zu Spielfilmen („Die Frau vom Checkpoint Charlie", „Der Turm – Die Dokumentation").

Daneben gibt es allerdings immer noch viele Sendeplätze, die sich einer solchen „Event-Programmierung" entziehen, unter deutlich geringerem Druck durch die Einschaltquote stehen, als die Primetime-Plätze, und auf denen nach wie vor eine Vielzahl an Themen möglich ist. Zumindest bei diesen, auch vom Feuilleton kaum wahrgenommenen Sendeplätzen, reagieren Redaktionen durchaus auf Themenvorschläge von außen.

Um mit einem Themenvorschlag erfolgreich zu sein, ist es dennoch unerlässlich, mit den Programmstrukturen vertraut zu sein, die Erzähltradition der jeweiligen Redaktion zu kennen und zu wissen, welche Dokumentationen der vergangenen Jahre als Erfolg und welche als Misserfolg angesehen werden. Immer wieder
beklagen sich Redakteure über Exposés, die ihnen zugesandt werden, obwohl die
darin vorgeschlagenen Themen in keiner Weise zu den von ihnen betreuten Sendeplätzen passen. Und umgekehrt muss festgehalten werden: Wenn es nicht gelingt,
einen Redakteur für einen historischen Stoff, von dem man selber überzeugt ist,
zu begeistern, dann ist man nicht selten zu einem falschen Zeitpunkt oder bei der
falschen Redaktion unterwegs und muss, manchmal Jahre später beobachten, wie
ein anderer Sender, eine andere Redaktion, ein anderer Kollege eben jenen Stoff
umsetzt.

Am größten ist die Wahrscheinlichkeit, mit einem Themenvorschlag Erfolg zu
haben, wenn der Autor oder Regisseur glaubhaft machen kann, dass er Zugang zu
spektakulärem Archivmaterial oder zu einer Personengruppe hat, die bisher vor
der Kamera geschwiegen hat. Ein gutes Beispiel hierfür ist etwa die Dokumentation „Stasikinder – Mein Vater war beim MfS" von Ruth Hoffmann und Thomas
Grimm. Ein Thema, das bereits seit vielen Jahren im Zentrum der Aufmerksamkeit
stand (die Stasi) und zu dem unzählige Dokumentationen entstanden, wird in diesem Film aus einer vollkommen neuen Perspektive beleuchtet.[1]

Die Anforderungen, die formal an ein Exposé gestellt werden, sind nun schnell
aufgezählt: Es muss Aufmerksamkeit erregen, das Thema unterhaltsam skizzie-
ren und die Bedeutung des Themas in Bezug auf den historischen Diskurs in der
Gesellschaft deutlich machen. Darüber hinaus sollten die wichtigsten Zeitzeugen
vorgestellt werden und auf zur Verfügung stehendes Archivmaterial hingewiesen
werden. Zudem sollte erkennbar werden, dass das Thema genug Facetten hat, um
45 min spannenden Filmstoff zu generieren. Erste Vorüberlegungen zur filmischen
Umsetzung sind ebenso unerlässlich wie ein grober Entwurf der möglichen Dramaturgie. Bilder (Fotos der Originalschauplätze oder Standbilder aus dem Archivmaterial) können extrem hilfreich sein, um auf die optische Dimension des Themas
hin zu weisen. Dies alles sollte idealerweise auf drei bis zehn Seiten geschehen.

Je bekannter ein Autor bei einer Redaktion ist, desto weniger Sicherheiten wird
ein Redakteur von einem Exposé erwarten. Bei einem Autoren, der in einer Redaktion noch unbekannt ist, wird dagegen eine enorme Vorleistung erwartet: Sind
die Zeitzeugen, die im Exposé erwähnt sind, überhaupt schon kontaktiert worden?
Haben sie bereits zugesagt oder bloß ihr Interesse bekundet? Was werden sie zu

---

[1] „Stasikinder – Mein Vater war beim MfS", Regie: Ruth Hoffmann, Thomas Grimm,
Deutschland (MDR) 2013.

erzählen haben? Bei einem Autoren, der bereits mehrere erfolgreiche Dokumentationen abgeliefert hat und der gezeigt hat, dass er grundsätzlich in der Lage ist,
Zeitzeugen zu finden, zum Gespräch zu bewegen und interessant zu befragen,
wird dies nur noch dann erwartet, wenn aufgrund des Themas Schwierigkeiten zu
erwarten sind, etwa weil die entsprechende Personengruppe sehr klein oder be-
kanntermaßen pressescheu ist (Nazi-Täter, ehem. MfS-Mitarbeiter etc.). Bei vielen alltagsgeschichtlichen Themen wird dagegen oft darauf vertraut, dass es leicht
möglich ist, Zeitzeugen zu finden. Die konkrete Recherche nach ihnen erfolgt dann
oft erst nach Produktionszusage. Ähnlich verhält es sich mit Archivmaterial. Während von einem der Redaktion unbekannten Autor erwartet wird, dass er wichtiges
Material bereits gesichtet hat und die damit in Verbindung stehenden rechtlichen
Fragen geklärt sind, wird dies in diesem Stadium – vor Produktionszusage – von
„bewährten" Autoren oft nicht mehr erwartet. Dies heißt nicht, dass die Fragen
nach diesen unverzichtbaren Elementen nicht gestellt werden – sie werden nur
verschoben auf die nächste Arbeitsstufe.

3.3   Das Treatment

Während bei vielen anderen dokumentarischen Film- oder Fernsehformaten das
Exposé eine vage Absichtserklärung darstellt, ein Drehbuch im eigentlichen Sinne
oft gar nicht geschrieben wird, weil nur sehr wenig von dem vorhersehbar ist,
was während des Drehs tatsächlich passiert, ist eine historische Dokumentation
beinahe planbar wie ein Spielfilm: Das zur Verfügung stehende Archivmaterial
kann vorab gesichtet, die Originalschauplätze können besucht, die Interviewpartner recherchiert und befragt werden. Noch vor dem ersten Drehtag kann daher
die Dramaturgie festgelegt, zu erwartende Zeitzeugenstatements niedergeschrie-
ben und selbst der Kommentartext vorgedacht werden. Die meist 20 bis 30seitige
Ausarbeitung, in der diese Erwartungshaltung schriftlich fixiert wird, bezeichnet
man als Treatment.

Die Vorteile einer solchen Ausarbeitung liegen auf der Hand: Ein Treatment
ermöglicht es, sowohl mit den Teammitgliedern im engeren Sinn, als auch mit
Produzent und Redakteur dramaturgische Probleme zu besprechen und die Wahl
der filmischen Mittel zu diskutieren. Es schützt vor Missverständnissen und Ent-
täuschungen, die ohne diese Vorarbeit oft erst bei der Rohschnittabnahme zu Tage
treten würden. Und es hilft, die vorhandenen finanziellen Mittel sinnvoll und spar-
sam einzusetzen. Eine historische Dokumentation entsteht also gewissermaßen
zweimal; einmal als schriftlicher Entwurf, und dann ein zweites Mal, bei dem der

Entwurf in Abhängigkeit davon, was beim Dreh tatsächlich gefunden wurde, modifiziert wird.

Ein bis in die Details ausgearbeitetes Treatment kann aber auch gravierende Nachteile haben – und in den Augen vor allem von Dokumentarfilmern überwiegen diese Nachteile deutlich. Ein präziser Vorentwurf läuft ihrer Meinung nach Gefahr, als Fessel zu wirken. Er kann dazu führen, dass die Autoren oder Regisseure in den Gesprächen mit den Zeitzeugen keine wirkliche Neugier mehr entwickeln, sondern lediglich die im Treatment niedergeschriebenen Aussagen „einsammeln". Beim Kameramann kann es dazu führen, dass dieser einen Originalschauplatz nicht mehr unvoreingenommen und beobachtend auf sich wirken lässt, sondern nur noch schematisch die Bilder dreht, die er im Treatment gelesen hat. Des Weiteren besteht die Gefahr, dass im Schnitt nicht mehr das Erstellen einer Bilderzählung im Vordergrund steht, sondern der bereits im Vorfeld entworfene Kommentar nur noch mit mehr oder weniger passenden Bildern illustriert wird – ohne Rücksicht auf die originäre Bildwirkung und den filmischen Rhythmus. Dem Dreh und dem Schnitt, eigentlich erlebnisreiche und intensive Phasen in der Entstehung eines Filmes, wird – so jedenfalls eine weitverbreitete Sorge – durch ein Treatment die Kreativität genommen. Und noch schlimmer: Die abzubildende Wirklichkeit wird in ein Korsett gezwängt, die Dokumentation beraubt sich damit selbst ihrer „Authentizität" und ihrer „Wahrhaftigkeit": „Nur schlecht kann man sich einen Dokumentarfilmer vorstellen, der den realen Personen, die er befragt, die Antworten vorschreibt und sie in künstlichen Kulissen filmt" schreibt der Filmkritiker und Dokumentarfilmer Francois Niney (Niney 2012, S. 29), doch genau dies scheint, schaut man in die peniblen Treatments, bei historischen Dokumentationen üblich zu sein.

Um dieser unzweifelhaft bestehenden Gefahr erfolgreich zu begegnen, bieten sich verschiedene Strategien an. Die wichtigste Maßnahme besteht darin, sich sowohl während des Drehs, als auch während des Schnitts, Zeit zu verschaffen. Ein aufgrund des Treatments bis auf die Minute konfektionierter Drehplan ermöglicht keine Abweichung mehr; er macht es unmöglich, den Originalschauplatz auf sich wirken zu lassen und dokumentarisch beobachtend zu erfassen; Zeitdruck macht es unmöglich, sich den Geschichten und Emotionen der Zeitzeugen zu widmen. Auch im Schnitt ist ausreichend Zeit nötig, um den Film eben nicht stur nach Drehbuch schneiden zu müssen, sondern dem Cutter die Möglichkeit zu geben, Rhythmus und Erzählhaltung aus dem Material zu entwickeln.

Eine zweite mögliche Maßnahme besteht darin, das Treatment zwar mit dem Produzenten und dem Redakteur ausführlich abzustimmen, es aber sowohl dem Kameramann, als auch dem Cutter vorzuenthalten, um diese nicht vor dem ersten Dreh- bzw. Schnitttag bereits in ihrer Sichtweise zu formatieren. Je nach Charakter und Berufsauffassung ist dies mehr oder weniger sinnvoll. Viele Kameraleute können ein Treatment lesen, ohne dass sie in ihrer spontanen Bildauffassung hinterher eingeengt wären. Viele Cutter wiederum legen sich das Treatment zwar an den Schnittplatz, schauen aber nur dann hinein, wenn sich die Arbeit an einem toten Punkt befindet und sie eine neue Anregung benötigen. Für welches Vorgehen auch immer man sich entscheidet: In jedem Fall sollte Klarheit darüber bestehen, wofür das Treatment da ist, was es leisten und was es nicht leisten kann: Es ist ein Entwurf, von dem zwingend abgewichen werden muss! Es geht darum, Zufälle nutzen zu können, aber nicht von ihnen abhängig zu sein.

Literatur

Francois Niney: Die Wirklichkeit des Dokumentarfilms. 50 Fragen zur Theorie und Praxis des Dokumentarischen, Marburg 2012, S. 230 (Niney 2012).
Gaye Tuchman: Making news. A study in the construction of reality. New York 1978 (Tuchman 1978).
Maurice Halbwachs: La mémoire collective, Paris 1950 (Halbwachs 1950).
Thomas Schadt: Das Gefühl des Augenblicks. Zur Dramaturgie des Dokumentarfilms, Konstanz 2012 (Schadt 2012).
Walter Lippmann: Public Opinion, New York 1922 (Lippmann 1922).

Filmografie

„Stasikinder – Mein Vater war beim MfS", Regie: Ruth Hoffmann, Thomas Grimm, Deutschland (MDR) 2013.

Der Zeitzeuge und die Dramaturgie

4.1 Die Bedeutung des Zeitzeugen

Zeitzeugeninterviews sind neben historischem Archivmaterial und Bildern der Originalschauplätze einer der Kernbestandteile zeitgeschichtlicher Dokumentationen. Zugang zu Zeitzeugen steht oftmals am Anfang eines Projektes. Der besondere, möglicherweise exklusive Zugang zu Zeitzeugen kann einen Produzenten oder eine Geschichtsredaktion dazu bewegen, über ein entsprechendes Projekt überhaupt erst nachzudenken. Bei der dreiteiligen Dokumentation „Roter Stern über Deutschland" war es zum Beispiel die sich Christian Klemke einmalig bietende Möglichkeit, die ehemaligen Oberkommandierenden der sowjetischen Streitkräfte nach Deutschland einzuladen und zu interviewen. Die darin liegende Chance hat der damalige Redaktionsleiter des ORB, Johannes Unger, erkannt und in ein Großprojekt umgemünzt.[1] Das Dokudrama „Geheimsache Mauer", wäre ohne die Recherchen des Autors Jürgen Ast, dem es gelang, sowohl SED-Funktionäre als auch Politoffiziere, Ingenieure, Bereitschaftspolizisten und Wehrpflichtige dazu zu bewegen, vor die Kamera zu treten und die Geschichte der Mauer aus der Sicht derer zu erzählen, die sie „geplant, erbaut und bewacht haben", nicht möglich gewesen.[2] Auch bei Projekten, deren Thema längst feststeht, ist die Frage, welche Zeitzeugen interviewt werden können, oft die erste und wichtigste Frage, die Redakteure an ihre Autoren richten. Unter Zeitzeugen werden dabei ausschließlich Personen verstanden, die aus erster Hand über eine Ereignis und die dabei gemachten Erfahrungen Zeugnis ablegen können. Gibt es, aufgrund der zeitlichen

---

[1] „Roter Stern über Deutschland", Regie: Christian Klemke, 3 Teile, Deutschland (ARD, ORB) 2000.

[2] „Geheimsache Mauer", Regie: Christoph Weinert, Jürgen Ast, Deutschland (RBB, MDR, ARTE) 2011.

© Springer Fachmedien Wiesbaden 2015
J. N. Lorenzen, *Zeitgeschichte im Fernsehen,* Praxiswissen Medien,
DOI 10.1007/978-3-658-09944-2_4

Distanz des Themas, keine Möglichkeit zu Zeitzeugeninterviews mehr, so wird nicht selten auf Aufzeichnungen, Tagebücher oder Memoiren zurückgegriffen, die entweder auf nachinszenierten Bildern als Zitate eingesprochen werden (wie etwa in der vierteiligen Reihe „Die großen Schlachten")[3] oder als Interviews mit Schauspielern neu inszeniert werden (wie zum Beispiel in dem Dokudrama „Aghet" über den Völkermord an den Armeniern oder der vierteiligen Reihe „14-Tagebücher des Ersten Weltkriegs").[4]

Stefan Brauburger, der langjährige stellvertretende Leiter der Redaktion Zeitgeschichte im ZDF begründet die Unverzichtbarkeit von Zeitzeugenaussagen mit der „persönlichen Perspektive, die sich von allgemeinen Betrachtungen" unterscheiden würde: „Neben den ‚großen' Ereignissen interessiert auch, was die Menschen in ihrem Alltag bewegte. Scheinbar unwichtige Randerscheinungen, persönliche Erlebnisse und Anekdoten spiegeln den Zeitgeist mitunter eindringlicher wider als Gipfelkonferenzen oder Staatsaktionen. Oft zeigen sich in Momentaufnahmen von Einzelschicksalen die Erfahrungen ganzer Generationen." Es gehe eben „nicht nur um Menschen, die Geschichte machten, sondern auch darum, was Geschichte mit den Menschen machte, und das erfahren wir vor allem von den Zeitzeugen" (zit.n. Möhlmann 2010, S. 18 f.). Ganz ähnlich sieht dies Katja Wildermuth, Leiterin der Redaktion Geschichte und Gesellschaft im MDR. Für sie bedeuten Zeitzeugen „Lebendigkeit, Anschaulichkeit und Emotionalität", da sie unmittelbare Kenntnis vom jeweiligen Thema hätten: „Wir können damit also einen nicht unkontrollierten, aber nahezu ‚ungefilterten' Zugang zu Geschichte ermöglichen" (zit.n. Möhlmann 2010, S. 19).

Auffällig bei diesen Begründungen ist, dass sie sich in erster Linie auf den Blick von unten beziehen und nicht etwa auf hochrangige Politiker, Militärs oder andere Entscheidungsträger, die ja, im Wortsinne ebenfalls „Zeitzeugen" sind. Entscheidungsträger garantieren zwar, sofern eine gewisse Exklusivität beansprucht werden kann, Aufmerksamkeit im Feuilleton, doch sie können den berühmten „Otto Normalverbraucher" nicht ersetzen. Deutlicher als Brauburger und Wildermuth hat daher Thomas Fischer, der langjährige Leiter der Redaktion Zeitgeschichte des SWR, die Bedeutung der Zeitzeugen hervorgehoben: Erst mit der Zeitzeugen eigenen Art, „Ereignisse wahrzunehmen, zu erinnern und zu erzählen", habe sich die historische Dokumentation auf „Augenhöhe mit den Zuschauern" begeben, meint Fischer (Fischer 2004, S. 518). Nur der Busfahrer, die Lehrerin, der Matrose oder

---

[3] „Die großen Schlachten", Regie: Hannes Schuler, Anne Roehrkohl, Jan N. Lorenzen, 4 Teile, Deutschland (MDR, WDR, HR, SR, ARTE) 2006.

[4] „Aghet – Ein Völkermord", Buch und Regie: Eric Fiedler, Deutschland (NDR) 2010; „14-Tagebücher des Ersten Weltkriegs", Buch und Regie: Jan Peter, Yury Winterberg, Deutschland (SWR, NDR, WDR, ARTE, ORF) 2014.

die Stewardess bieten dem Zuschauer ein Identifikationsangebot, das in der Soziologie als das „Einer von uns Gefühl" beschrieben wird (Vgl. König 1967, S. 159). „Die Zuschauer nehmen den Klang der Zeitzeugenstimme wahr, beobachten die Gestik und Mimik der Zeitzeugen, folgen ihrer subjektiven Erzählung und identifizieren sich mit ihrer Geschichte," schreibt Fischer (Fischer 2008, S. 41). Viel wichtiger als der „ungefilterte" Zugang zu Geschichte ist es also, zwischen den Zuschauern und dem Zeitzeugen eine emotionale Bindung herzustellen. Der „Zeitzeuge" hat in der historischen Dokumentation die Funktion, die in der Literatur, im Theater oder im Spielfilm die Figur des „Helden" innehat. Wirklich deutlich wird dies erst anhand eines Exkurses in die Dramaturgie. Denn es ist das dramaturgische Konzept, das Zeitzeugen in den allermeisten historischen Dokumentationen unverzichtbar macht. Ohne Zeitzeugen würden die allermeisten historischen Dokumentationen dramaturgisch nicht „funktionieren."

4.2 Die Dramaturgie der historischen Dokumentation: Der Zeitzeuge und die „Heldenreise"

Das wichtigste an Fernsehakademien gelehrte dramaturgische Modell ist die sogenannte Heldenreise. Sie basiert auf Erzählstrukturen, die der Literaturwissenschaftler Joseph Campbell aus Mythen weltweit extrahiert und für allgemeingültig erklärt hat (Campbell 1949). Um kommunizierbar zu sein, so die These Campbells, muss jede Geschichte den immer gleichen archetypischen Grundmustern folgen. In Hollywood hat insbesondere Christopher Vogler, langjähriger Leiter der Stoffentwicklungsabteilung eines der großen Studios, das Modell bekanntgemacht (Vogler 1998). Ausgangspunkt ist die Welt des „Helden", die dem Zuschauer oder Leser bekannt gemacht werden muss, damit er eine Beziehung zu ihm aufbauen und ein Interesse für sein weiteres Schicksal entwickeln kann. So wie der Zuschauer seinen eigenen Alltag oft als unzureichend empfindet, gibt auch der Held in der Erzählung seiner Unzufriedenheit Ausdruck. Vor diesem Hintergrund tritt der „Herold" auf und ruft den Helden zum Abenteuer. Diesem Ruf verweigert sich der Held zunächst, denn bei aller Langeweile, allem Überdruss fällt es ihm doch schwer, die sichere und vertraute Heimat zu verlassen. Ein „Mentor" überredet ihn daraufhin, die Reise anzutreten. Das Abenteuer beginnt mit dem Überschreiten der „Türschwelle". Ein Zurück gibt es nun nicht mehr. Nach ersten Bewährungsproben, bei denen der Held auf „Verbündete" und „Feinde" trifft, dringt er bis zur tiefsten Höhle, zum gefährlichsten Punkt der Reise, vor und trifft dabei auf seinen „Gegner". Hier findet, im Angesicht des „Todes", eine Prüfung statt. Vordergründig ist das Bestehen dieser Prüfung der entscheidende Teil der „Heldenreise". Doch mit dieser Prüfung ist der Film nicht zu Ende. Zum „Helden" wird die Hauptfigur erst, wenn unter dem Eindruck des Erlebten eine Wandlung einsetzt: Der Held muss etwas aufgeben, „eine alte Gewohnheit oder eine Überzeugung" (Vogler 1998, S. 354). Nicht „der explosivste, dramatischste, lauteste oder gefährlichste Augenblick der Geschichte" wird so zur Klimax der (filmischen) Erzählung, sondern eben diese Wandlung, die sich laut Vogler aus der „Katharsis" und der folgenden „Auferstehung" zusammensetzt (Vogler 1998, S. 346). Erst nach dieser Wandlung steht dem Helden der „Schatz" oder „das Elixier" zu, das wiederum kein konkreter Gegenstand sein muss, sondern ebenso gut eine unverhoffte Erkenntnis sein kann. Zudem darf er das Elixier, den Schatz oder seine neue Erkenntnis nicht für sich behalten, sondern er muss es dorthin bringen, wo er hergekommen ist und mit der Gemeinschaft, die er einst für das Abenteuer verließ, teilen. Die Heldenreise ist demzufolge nicht zwangsläufig eine Abenteuergeschichte, aber sie ist immer die Geschichte einer Metamorphose.

Die Dramaturgie der „Heldenreise" ist keinesfalls schematisch zu betrachten. In einer Erzählung mag der „Mentor" eine große Rolle spielen, in einer anderen nur eine unbedeutende. In einer Erzählung kann der „Herold" eine reale Person sein, in einer anderen ist es ein Ereignis, das den „Helden" wachrüttelt. Bestimmte Elemente können ganz wegfallen, ohne dass die Dramaturgie insgesamt Schaden nimmt. Eine Variation in der Reihenfolge der Erzählung ist schon deswegen nötig, um nicht vorhersehbar zu sein. Die im Sinne der historischen Dokumentation wichtigste Freiheit, die diese idealtypische „Hollywood"-Dramaturgie lässt, betrifft aber den Helden selbst. Er kann, aber er muss kein einzelnes Individuum sein. „Held" kann ebenso gut ein Land, ein Gebäude, ein Tier – oder aber auch eine Gruppe von Menschen sein. In historischen Dokumentationen ist dies der Schlüssel zum Verständnis der Rolle der Zeitzeugen: Meistens gibt es keinen Protagonisten, der allein stark genug ist, die Rolle des Helden im Sinne Campbells und Voglers einzunehmen. Oft wird in historischen Dokumentationen diese Funktion daher einer Gruppe zugewiesen. In einer Dokumentation über die Schlacht von Stalingrad können dies zum Beispiel die deutschen Soldaten sein, in einer Dokumentation über den Bombenkrieg kann es die, durch Zeitzeugen repräsentierte, deutsche Zivilbevölkerung sein; es können „Die Auswanderer", „Die Kriegsheimkehrer" oder „Die Trümmerfrauen" sein – und immer sind es die Zeitzeugen, die mit ihrem Identifikationsangebot den Zuschauer mitnehmen auf ihre „Heldenreise."

Doch es gibt noch andere Varianten. Wird beispielsweise ein Gebäude zum „Held" der Geschichte erklärt, wie bei der ARD-Sendereihe „Geheimnisvolle Orte", dann ist es zum einen der Ort, der eine Wandlung, eine „Heldenreise" erlebt; zugleich wird jede Episode, die zu dieser Gesamtdramaturgie des Filmes beiträgt, für sich genommen idealerweise ebenfalls wie eine kleine, kurze „Heldenreise" gebaut. Innerhalb dieser Episoden sind es dann wiederum die Zeitzeugen, also reale Personen, die dem Zuschauer ein Identifikationsangebot machen.

4.3 Kritik am Zeitzeugen aus der Fachwissenschaft und der Dokumentarfilmgemeinde

Obwohl das Modell der Heldenreise in seiner konkreten Anwendung sehr flexibel ist, steht es in der Kritik – sowohl von Seiten der Historiker, als auch von Seiten der klassischen Dokumentarfilmer: „Das Schöne am dokumentarischen Arbeiten ist, dass wir die Wirklichkeit so vorfinden, dass sie nicht in diese Modelle hineinpasst. Die Wirklichkeit ist immer spannender als die Modelle," behauptet etwa Andres Veiel (Veiel 2014), der vor allem mit seinem Dokumentarfilm „Black Box BRD", der die Biografien des von der Rote Armee Fraktion ermordeten Deutsche-Bank-Vorstandssprechers Alfred Herrhausen und des RAF-Terroristen Wolfgang Grams nachzeichnet und gegenüberstellt, bekannt wurde.[5] Und Thomas Heise beginnt seinen Film „Material", in dem er Beobachtungen, Szenen, Fragmente, Beobachtungen von den späten achtziger Jahren in der DDR bis ins Jahr 2008 montiert, mit der Aussage „Man kann sich die Geschichte länglich denken. Sie ist aber ein Haufen."[6] Im Kern geht es bei dieser Kritik also darum, dass Widersprüche in der Handlung durch eine allzu idealtypische Dramaturgie glattgebügelt werden, Handlungsstränge, die nicht zu dieser Hauptdramaturgie passen, weggelassen oder nicht mehr weiter verfolgt würden. Ob diese Kritik berechtigt ist, wird im Verlauf des Kapitels an Beispielen noch zu diskutieren sein. Dass diese Gefahr prinzipiell besteht, kann nicht abgestritten werden.

Die Kritik der Historiker setzt an anderer Stelle an. Sie entzündet sich nicht in erster Linie am dramaturgischen Modell der Heldenreise, sie macht sich vielmehr – in Unkenntnis der unverzichtbaren dramaturgischen Funktion – am Zeitzeugen an und für sich fest.

Der Geschichtsdidaktiker Oliver Näpel artikuliert keine Einzelmeinung, sondern gibt dem Unbehagen einer ganzen Zunft Ausdruck, wenn er schreibt, es sei schlichtweg „rätselhaft", warum den Zeitzeugen „angesichts der vielschichtigen Probleme" im Umgang mit ihnen, eine „derart starke und unaufgeklärte Bedeutung für die Konstruktion von ‚Wahrheit' zugemessen wird" (Näpel, S. 222). Der Historiker Hannes Heer, vor allem bekannt als wissenschaftlicher Gestalter der Wehrmachtsausstellung, beklagt, dass statt Dokumenten, Fotos und anderen Materialien

---

[5] „Black Box BRD", Regie Andres Veiel, Deutschland 2001.
[6] „Material", Regie: Thomas Heise, Deutschland 1988–2009.

„so genannte Zeitzeugen" als Kronzeugen der Geschichte auftreten würden. „Sie bezeugen aber nicht die Zeit, sondern, wie dressierte Flöhe, das Knoppsche Drehbuch" (Heer 2006, S. 16). Und der Berliner Historiker Martin Sabrow stellt gleichermaßen mit Bedauern fest, dass der Zeitzeuge „seine ursprüngliche kritische Funktion" gegen eine „affirmative Rolle" eingetauscht habe: „Er stellt nicht länger mittels einer vollständigen, sperrigen, widersprüchlichen Wiedergabe seiner Vita ein vorherrschendes Bild der Vergangenheit in Frage. Vielmehr erfüllt sein Bericht heute die illustrative Funktion einer in Fragmente zerlegten Zeitzeugenschaft, die zur autoritativen Beglaubigungsinstanz der medialen Geschichtserzählung aufgestiegen ist" (Sabrow 2012, S. 23).

Die Abneigung beruht auf einer Reihe von Gründen. Zwar hat die bundesdeutsche Geschichtswissenschaft die Arbeit mit Zeitzeugen in den 1970er Jahren ebenfalls für sich entdeckt, doch betrieben wird die daraus entstandene, „Oral History" genannte Forschungsrichtung vor allem von Gedenkstätten und regionalen Geschichtsvereinen, die sich der Erforschung des Alltags von Bevölkerungsgruppen und sozialen Schichten, die wenig schriftliche Zeugnisse hinterlassen haben, widmen. An den Universitäten dagegen führt die „Oral History" nach wie vor ein Schattendasein – und das hat mit dem in den Augen der Historiker geringen Wahrheitswert der Aussagen von Zeitzeugen zu tun. Viele schriftliche Quellen, wie Briefe, Aktenvermerke, Sitzungsprotokolle, diplomatische Depeschen, Heeresberichte, Materialaufstellungen, Verproviantierungslisten usw., haben gegenüber den Zeitzeugenaussagen zwei entscheidende Vorteile: Zum einen hat der Verfasser sie zumeist nicht zur Veröffentlichung bestimmt. Damit entfällt der wichtigste Grund, Vorgänge geschönt darzustellen. Zum anderen sind diese Quellen meist zeitnah zum Ereignis entstanden, wodurch die Wahrscheinlichkeit, dass Erinnerungslücken den Inhalt beeinflusst haben, ebenfalls gering ist. Schon autobiographischer Literatur, die erst im Rückblick entstanden ist, um der Nachwelt die sehr subjektive Sicht des Verfassers auf die Geschehnisse nahe zu bringen, wird von Historikern ein nur geringer Wert als historischer Quelle zugebilligt. Bei Zeitzeugenaussagen ist dies natürlich ähnlich. Für Lutz Niethammer, den Doyen der deutschen Oral-History-Forschung, sind Erinnerungen von Zeitzeugen keinesfalls „objektive Spiegelbilder" vergangener Wirklichkeit oder Wahrnehmung. Das Erinnerungsinterview ist seiner Meinung nach vielmehr „davon mitbestimmt, dass das Gedächtnis auswählt und zusammenfasst, dass die Erinnerungselemente durch zwischenzeitlich erworbene Deutungsmuster oder kommunikationsgerechte Ausformung neu zusammengesetzt und sprachlich aufbereitet werden und dass sie durch Wandlungen in den sozial akzeptierten Werten und durch die soziokulturelle Interaktion im Interview selbst beeinflusst werden" (Niethammer 1983, S. 19). Die Literatur-und Kulturwissenschaftlerin Aleida Assmann fügt hinzu, da bekannt sei, wie unzuverlässig

der Wahrheitswert subjektiver Erinnerungen sei, würde kein Historiker „das Erinnerungsinterview als Datenerhebungstechnik einsetzen, wo sachnähere Quellen
zur Hand sind" (Assmann 1999, S. 270).

Im Verständnis der Geschichtswissenschaft müssen Zeitzeugeninterviews, um
überhaupt einen Aussagewert zu haben und als Quelle nutzbar zu sein, daher einer
strengen Quellenkritik unterworfen werden: Unerlässlich ist es dabei, den Kontext deutlich werden zu lassen, in dem das Interview geführt wurde. Wo wurde
der Zeitzeuge befragt? Wie lange hat das Gespräch gedauert? Welche Fragen hat
der Interviewer gestellt? Sind diese offen oder suggestiv gestellt? Welche Erinnerungsstützen (wie Fotoalben, Tagebücher) kamen zum Einsatz? Und auch die
Person, die das Interview gegeben hat, muss kritisch hinterfragt werden. Welche
Interessen liegen der Aussage zu Grunde? Gibt es Motive, die eigene Person von
einer Schuld zu entlasten usw.? Schlussendlich müssen alle Aussagen anhand anderer Quellen auf ihre Faktentreue und Wahrscheinlichkeit hin überprüft und ggf.
korrigiert werden.

Schon in Bezug auf die Quellenkritik der Zeitzeugenaussagen lässt das Fernsehen viele Wünsche offen. Die Kritik der Historiker an der Art, wie historische
Dokumentationen mit Zeitzeugen umgehen, geht aber noch weiter. „Durch die do-
minante Rolle der Zeitzeugen" würde eine „Emotionalität" geschaffen, „die durch
kein abgefilmtes Archivstück" zu erreichen sei, meint der bereits zitierte Hannes
Heer: „Schlimmer noch: Dadurch entsteht eine falsche Authentizität"(Heer 2006).
Auch diese Skepsis gegenüber Gefühlen ist eine fachhistorische Grundüberzeu-
gung. Im Kern geht sie auf die im abendländischen Denken tief verwurzelte Tradition zurück, Rationalität als wertvoll und positiv wahrzunehmen, Emotionalität
dagegen als etwas „Triebhaftes", „Unvernünftiges" und „Irrationales" zu stigmati-
sieren. „Es wird allgemein angenommen, Emotionen seien Erbe unserer primitiven
Vorfahren, ‚triebhaft' in ihrem Wesen und eine Bedrohung für unser geordnetes,
‚vernünftiges' Leben", schreibt etwa der US-amerikanische Philosoph Robert C.
Solomon (Solomon 1981, S. 252). Durch den Missbrauch von Emotionen zur Mo-
tivation und zur Indoktrination gerade unter dem Aspekt der Geschichtsvermittlung
erhielt diese negative Grundkonnotation im 20. Jahrhundert neue Nahrung: „Es
gab Zeiten, in denen Gefühle in historischem Lehren und Lernen missbraucht wurden für völkische Zwecke etwa oder im Sinne einer sozialistischen Parteilichkeit"
(Gies 1994, S. 37). In Deutschland ist diese Grundskepsis bei der Verknüpfung
von Emotionen und historischem Lernen besonders ausgeprägt, weswegen sich
die bundesdeutsche Geschichtsdidaktik im internationalen Vergleich bis heute sehr
schwer tut, Gefühle als Teil von Lernprozessen zu akzeptieren. Leitgedanke der
politischen Bildung in der Bundesrepublik ist das sogenannte „Überwältigungs-",
„Indoktrinations-" und „Manipulationsverbot", festgehalten im Beutelsbacher

Konsens 1976: „Es ist nicht erlaubt, den Schüler – mit welchen Mitteln auch immer – im Sinne erwünschter Meinungen zu überrumpeln und damit an der ‚Gewinnung eines selbständigen Urteils' zu hindern" (zit. n. Wehling 1977, S. 179–180). Als Konsequenz wurden Emotionen, in denen man die größte Bedrohung des Manipulationsverbotes erkannt hatte, aus der politischen Bildung (und auch aus der historischen Forschung) bis heute weitgehend verbannt. Während eine Minderheit die „jahrelange Vernachlässigung, wenn nicht gar Tabuisierung" von Emotionen in Lernprozessen beklagt (Mütter und Uffelmann 1994), gilt für die Mehrheit des Fachs, was der Geschichtsdidaktiker Oliver Näpel, zugleich einer der engagiertesten Kritiker der „narrativen Erzählstrategien" des Geschichtsfernsehens, apodiktisch so formuliert: „Wie die Fachdidaktik längst weiß, sind Emotionen als Leitziel von Geschichtsvermittlung an sich untauglich" (Näpel 2003, S. 222).

Im Kern sind es also diese zwei Kritikpunkte, die fehlende Quellenkritik und die große Emotionalität, die das Unbehagen der Historiker am Einsatz von Zeitzeugen in historischen Dokumentationen maßgeblich bestimmt. Die Kritik kulminiert in der, wiederum von Oliver Näpel aufgestellten Behauptung, die „narrativen Inszenierungsstrategien", als dessen wichtigstes Element die Zeitzeugen zweifellos fungieren, würden eingesetzt, um eine „revisionistische Vergangenheitsdeutung" durchzusetzen (Näpel 2003, S. 17).

Wie berechtigt sind diese Einwände? Werden die Aussagen von Zeitzeugen tatsächlich keiner Quellenkritik unterzogen, oder sind die Entscheidungskriterien nur deswegen für Außenstehende nicht nachvollziehbar, weil es im Fernsehen keine Fußnoten gibt, wie in einer wissenschaftlichen Abhandlung? Wie wird in der Praxis mit „falschen" Erinnerungen umgegangen? Ist es tatsächlich Ziel und gängige Praxis historischer Dokumentationen, die Zuschauer mit übertriebener Emotionalität zu überwältigen, sie zu manipulieren und ihnen dabei ein „revisionistisches Geschichtsbild" zu vermitteln? Ist diese emotionale Überwältigung am Ende auch der Grund für den „unheimlichen" Publikumserfolg? Geht es beim Einsatz des narrativen Erzählkonzeptes in Anlehnung an die Dramaturgie der Heldenreise im Kern darum, die Deutschen von ihrer historischen Schuld zu entlasten?

Die Antworten auf all diese Fragen sind sehr kompliziert; sie erfordern zunächst eine differenzierte Auseinandersetzung mit der Frage, wie das dramaturgische Modell der „Heldenreise" in der Praxis umgesetzt wird, wie genau der Mechanismus der „Identifikation" funktioniert und warum Zeitzeugen und ihre Emotionen in der Darstellung von Geschichte im Fernsehen de facto eine Einheit bilden. Es wird sich zeigen, dass Fernsehhistoriker und Fachhistoriker vollkommen unterschiedliche Vorstellungen davon haben, was unter „historischer Wahrheit" zu verstehen ist – und wie diese in einer rückblickenden, erzählenden Darstellung „konstruiert" werden kann.

4.4 Identifikation mit den Tätern? Zur Täter-Opfer-Problematik in der „Heldenreisen-Dramaturgie"

Zunächst ist es eine berechtigte Frage, ob die oben beschriebene Form der Identifikation mit einem „Helden" oder einer Gruppe von „Helden" immer gewünscht ist. Bei Produktionen, die aus der Opferperspektive erzählen, seien dies nun Produktionen über NS-Verfolgte oder über Opfer des DDR-Regimes, trägt eine solche Identifikation aus Sicht der meisten Historiker zwar wenig zu einem Lernerfolg bei, gleichzeitig erscheint die „Opferidentifikation" zumindest moralisch unproblematisch; Kritik bleibt in der Regel aus.

Die dominierenden Themen der historischen Dokumentationen waren zuletzt jedoch andere: Ob „Soldaten hinter Stacheldraht"[7], „Die große Flucht"[8] oder „Der Bombenkrieg"[9] – das Geschichtsfernsehen präsentierte vor allem die Erinnerungen von „Tätern". Allein dies könnte Anlass zur Kritik sein. Vor dem Hintergrund der „Heldenreisen"-Dramaturgie und der damit verbundenen Identifikation zwischen Zuschauer und Zeitzeuge, macht diese Themenwahl jedoch erst recht misstrauisch. Die Frage, ob damit einem revisionistischen Geschichtsbild bewusst oder unbewusst Vorschub geleistet wird, drängt sich förmlich auf.

Eine für den MDR und ARTE erstellte Dokumentation mit dem Titel „Helden ohne Heimat – Kriegsheimkehrer nach 1945"[10] scheint in den ersten Minuten genau die von den Geschichtswissenschaftlern geäußerten Befürchtungen zu bestätigen. Im Prolog präsentiert die Regisseurin Heike Römer-Menschel dem Zuschauer einen offensichtlich traumatisierten, vor der Kamera weinenden Zeitzeugen, der sich an die Rückkehr in seine Heimatstadt Leipzig nach Jahren in sowjetischer Kriegsgefangenschaft erinnert. Die eigentliche Filmerzählung beginnt dann in der für historische Dokumentationen typischen Kürze und Prägnanz mit den Worten: „Losgezogen waren sie als umjubelte Helden, angefüllt mit der Nazi-Ideologie".[11] Mit einem einzigen Satz ist damit im Sinne der Heldenreise die Herkunft der Protagonisten skizziert und zugleich die Katharsis angekündigt. Im weiteren Verlauf

---

7 „Soldaten hinter Stacheldraht", Teil 1: „Im Osten", Buch und Regie: Dirk Pohlmann, Teil 2: „Im Westen", Buch und Regie: Thomas Kuschel, Teil 3: „Die Heimkehr", Buch und Regie: Meinhard Prill, Deutschland (MDR, NDR) 2000.
8 „Die große Flucht", 5 Teile, Leitung Guido Knopp, Deutschland (ZDF) 2001.
9 „Der Bombenkrieg", Teil 1: „Angriff", Teil 2: „Gegenschlag", Teil 3: „Untergang", Deutschland (ARD, NDR) 2004.
10 „Helden ohne Heimat – Kriegsheimkehrer nach 1945", Regie: Heike Römer-Menschel, Deutschland (MDR, ARTE) 2009.
11 „Helden ohne Heimat – Kriegsheimkehrer nach 1945", Regie: Heike Römer-Menschel, Deutschland (MDR, ARTE 2009) ca. Minute 2.

gibt der Film den Erlebnissen der Zeitzeugen in ihrer Kriegsgefangenschaft breiten Raum. Man könnte meinen: eine rein emphatische Nacherzählung menschlichen Schicksals, in der die Deutschen als Opfer dargestellt werden und die Zuschauer „überwältigt" werden sollen. Doch die Dokumentation ist damit nicht zu Ende. Erst mit der Wandlung der Perspektive, erst mit der Einsicht, die eigene Schuld jahrzehntelang verdrängt und die furchtbaren Erlebnisse in der Kriegsgefangenschaft benutzt zu haben, um sich selbst als Opfer sehen zu können, findet die „Katharsis" im Sinne des Voglerschen Dramaturgiekonzeptes statt; erst jetzt wird das „Elixier" gefunden. Einer der Kriegsheimkehrer spricht es aus: „Es gibt etliches, was ich jetzt bereue", sagt der Zeitzeuge Heinz Höchner, in „Helden ohne Heimat" mit gesenktem Kopf. Dann schweigt er lange, und als Zuschauer stellt man sich vor, wie er in Gedanken die konkreten Ereignisse durchgeht, bei denen er Schuld oder Reue empfindet.[12] Mit Hilfe eines weiteren Zeitzeugen, des bekannten Psychoanalytikers Horst-Eberhard Richter, trägt die Dokumentation die neue Gewissheit noch weiter. Die persönlichen Erlebnisse im Krieg seien der Grund gewesen, warum er, Richter, sich nach dem Krieg in der westdeutschen Friedensbewegung engagiert habe.[13] Der eigentliche Höhepunkt des Filmes, ist also nicht eine von Selbstmitleid geprägte Schilderung der Erlebnisse in der Kriegsgefangenschaft, sondern ein stiller Moment der inneren Einkehr, das persönliche Eingeständnis von Schuld. Gerade die Heldenreisen-Dramaturgie und die damit verbundene Bedeutung der Zeitzeugenschaft ist es, die in diesem Fall unweigerlich auf die Auseinandersetzung mit der eigenen Schuld hinausläuft. Die persönliche „Heldenreise" der Kriegsheimkehrer in „Helden ohne Heimat" steht stellvertretend für die Wandlung der deutschen Gesellschaft, die die eigene Schuld zunächst verdrängte, sich dann begann, mit den nationalsozialistischen Verbrechen auseinanderzusetzen und schließlich zur eigenen Schuld bekannte. Nicht das Suhlen in den Emotionen, nicht die emotionale Überwältigung, wird zum entscheidenden Element der Zuschauerbindung, sondern diese, bereits am Anfang des Filmes angekündigte Katharsis.

Ganz anders gehen jedoch viele Dokumentation aus der ZDF-Redaktion „Zeitgeschichte" vor: Hier wird der Moment der „Katharsis" zuweilen einfach unterschlagen – und damit tritt, offenbar im Einklang mit dem Geschichtsbild Guido Knopps, auch die Auseinandersetzung mit der eigenen Täterschaft in den Hintergrund. Auch dazu ein Beispiel: In der Folge „Das eiserne Grab" aus der Reihe „Der Jahrhundertkrieg" folgt die Erzählung den Erlebnissen der U-Boot-Fahrer. Auch

---

[12] „Helden ohne Heimat – Kriegsheimkehrer nach 1945", Regie: Heike Römer-Menschel, Deutschland (MDR, ARTE) 2009, ca. Minute 39.

[13] „Helden ohne Heimat – Kriegsheimkehrer nach 1945", Regie: Heike Römer-Menschel, Deutschland (MDR, ARTE) 2009, ca. Minute 42.

hier findet eine klassische „Heldenreisen-Dramaturgie" Anwendung. In einigen, im Verlauf der Filmerzählung frühen Aussagen der Zeitzeugen, wird deutlich, dass sie sich von ihrem damaligen Ideal, den Krieg als Hort der männlichen Bewährung anzusehen, deutlich distanziert haben. „Dann fassen sie sich heute an den Kopf. So waren wir getrimmt" – mit diesen Worten kommentiert etwa Volkmar König, Funkmaat auf einem der U-Boote, seine damalige Einstellung gleich zu Beginn des Filmes.[14] Eine Katharsis muss also, ähnlich wie in „Helden ohne Heimat", stattgefunden haben, sie wird auch, um den Zuschauer zu binden, in den ersten Filmminuten angekündigt – doch sie wird überraschenderweise von der filmischen Erzählung nicht aufgenommen. Am Ende der Dokumentation wird den U-Boot-Fahrern keine Gelegenheit gegeben, sich zu ihrer eigenen Verantwortung zu bekennen, diese wird vielmehr allein den Befehlshabern zugewiesen. Ein Zeitzeuge, der in der filmischen Erzählung bis dato nicht auftauchte, Wolfgang Heibges, ehemals Kommandant auf U998, darf sagen: „Die Verantwortung für die vielen, vielen Opfer, die der U-Boot-Krieg gekostet hat, die kann ihm (Dönitz – Anmerkung J.L.) niemand nehmen, die muss er selbst tragen." Unterstützt wird diese Haltung durch den Kommentar, der den einfachen Soldaten Absolution erteilt, indem er die Frage nach der Verantwortung noch weiter verschiebt, Dönitz als schwachen Befehlshaber darstellt und die alleinige Schuld an Hitler weitergibt.[15]

Der von Historikern geäußerte Vorwurf, die Dokumentationen aus dem Hause Knopp würden einer „prinzipiell revisionistischen Geschichtsauffassung" folgen, indem sie die Verantwortung für den Nationalsozialismus allein Hitler und einer kleinen Clique von Top-Nazis zuschrieben und die Deutschen als verführtes Volk, das keine Schuld treffe, darstellen würden, trifft also durchaus zu. Dies jedoch auf die Themenwahl, die „narrativen Inszenierungsstrategien", und die Figur des Zeitzeugen zurückzuführen, geht am Kern der Sache vorbei. Weder die erzählerische Dramaturgie noch die auf die Täter fixierte Themenwahl leistet *per se* einem Geschichtsrevisionismus Vorschub. Wie das Beispiel „Helden ohne Heimat" gezeigt hat, bedeutet eine „Identifizierung" im Sinne der Heldenreisen-Dramaturgie keineswegs notgedrungen, dass auch eine Identifikation mit der Tat stattfindet, es kann im Gegenteil sogar bedeuten, sich zur eigenen Täterschaft zu bekennen – eine Möglichkeit, die eine Dokumentation, die aus der Perspektive der Opfer erzählt, aus naheliegenden Gründen nicht bietet. In diesem Sinne können die auf Opferschicksalen basierenden Filmreihen wie „Holocaust" oder „Der Tod ist ein

---

[14] „Der Jahrhundertkrieg: Das eiserne Grab", Regie: Jens Afflerbach, Christian Deick; Leitung: Guido Knopp, Deutschland (ZDF) 2002, ca. Min. 1.

[15] „Der Jahrhundertkrieg: Das eiserne Grab", Regie: Jens Afflerbach, Christian Deick; Leitung: Guido Knopp, Deutschland (ZDF) 2002, ca. Min. 43.

Meister aus Deutschland", die in den siebziger und achtziger Jahren das mediale Geschichtsbild geprägt haben, als Voraussetzung dafür angesehen werden, sich mit der eigenen Rolle als Soldat, als Kriegsgefangener, als Bombenopfer usw. zu beschäftigen.

4.5 Das Problem der Identifikation in Porträtfilmen: Mit Hitler auf Heldenreise?

Wie aber verhält es sich, wenn nicht eine Gruppe (wie die Kriegsheimkehrer oder die U-Bootfahrer), sondern eine historische Person im Mittelpunkt einer Dokumentation steht? Wie wird die Heldenreisen-Dramaturgie dann eingesetzt? Welche Rolle spielen die Zeitzeugen? Auch dies ist eine nicht nur handwerklich, sondern auch historiographisch-moralisch zu diskutierende Problematik: Ist es möglich (und statthaft) mit Adolf Hitler auf „Heldenreise" zu gehen?

Bei dem viel kritisierten Film „Der Untergang", der als Beispiel dienen mag, obwohl es sich um einen Spielfilm und keine historische Dokumentation handelt, bedient sich der Regisseur Oliver Hirschbiegel eines Interviewausschnitts mit Hitlers Sekretärin Traudl Junge aus dem Dokumentarfilm „Im toten Winkel", um den Zuschauern gleich zu Beginn ein Identifikationsangebot zu machen. Auch der weitere Verlauf des Filmes folgt nun, nicht dokumentarisch, sondern schauspielerisch, weitgehend der Perspektive Traudl Junges. Nicht Hitler, sondern Traudl Junge ist die „Heldin" der Geschichte im Sinne der dem amerikanischen Kino entlehnten Erfolgsdramaturgie. Mit Traudl Junges anfänglicher Neugier, ihrer Naivität und auch ihrer Faszination blicken wir auf den von Bruno Ganz gespielten Diktator; aus ihrer Perspektive nehmen wir an den Vorgängen im Führerbunker teil. Traudl Junge macht die für diese Dramaturgie nötige Verwandlung durch, von der Hitler-Verehrerin („Er war mein bester Chef.") zur einer Frau, die sich eben jene Sympathie bis an ihr Lebensende nicht verzeihen kann. Sie bekommt demzufolge, nun wieder als Zeitzeugin, also dokumentarisch, das Schlusswort im Film.[16]

Vor Vorwürfen schützte die dramaturgische Konstruktion allerdings nicht. Der Kölner Historiker Jost Dülffer etwa behauptete, der Film rücke „deutsche Opfer" in den Fokus der Aufmerksamkeit (zit. n. Kellerhoff 2004). Viele Historiker sahen dies jedoch anders und lobten den Film ausdrücklich: „Von allen Hitler-Porträts ist dies das einzige, das mich überzeugt" schrieb etwa der britische Historiker und Hitler-Biograf Ian Kershaw: „Die unheimliche Atmosphäre im Bunker ist wunder-

---

[16] „Der Untergang", Buch: Bernd Eichinger, Regie: Oliver Hirschbiegel, Deutschland 2004; „Im toten Winkel", Regie André Heller und Othmar Schmiderer, Österreich 2002.

bar eingefangen. Anschaulich wird die verrückte Welt der Insassen. Die Verhält-
nisse außerhalb des Bunkers werden jedoch nicht ausgeblendet. Jeder bekommt zu
sehen, was Hitlers Herrschaft bedeutete" (FAZ-Online 2004).

Die meisten Filme über Hitler oder seine engsten Helfer funktionieren dramaturgisch allerdings wiederum anders. Sie rücken, und auch dies stößt meist auf Kritik, die Faszination für den Diktator in den Vordergrund. Sie gehen davon aus, dass
die Auseinandersetzung mit der persönlichen Anziehungskraft des selbsternannten
„Führers" deswegen interessant ist, weil die meisten Zuschauer oder ihre Eltern ihr
einmal erlegen waren – und bis heute nach Erklärungen suchen, wie dies passieren
konnte. Sie gehen also gewissermaßen von einer Zeitzeugenschaft des Zuschauers
aus und versetzen konsequenterweise den Betrachter in die Rolle des „Helden".
der nun im Verlauf des Filmes seinen eigenen kathartischen Prozess, vom Hit-
ler-Anhänger über den Enttäuschten bis hin zum heute (hoffentlich) überzeugten
Demokraten, noch einmal nachvollzieht. Zuweilen geschieht dies gestützt durch
Zeitzeugen im Bild wie in „Hitler – Eine Bilanz" von Guido Knopp; im Prinzip
kommt diese Konstruktion jedoch auch ohne Zeitzeugen aus, wie Joachim Fest in
„Hitler – Eine Karriere" gezeigt hat.[17] Auf Kritik stoßen derartige dramaturgische
Konstruktionen vor allem deshalb, weil sie die Anziehungskraft Hitlers erst einmal
darstellen, zum Teil sogar neu erzeugen und in ihrer Wirkung plausibel machen
müssen – und sich dafür auch der propagandistischen Bilder von Nazi-Aufmär-
schen, Parteitagen, Fackelzügen und Hitler-Reden bedienen. Die Filmemacher geraten damit nicht nur in Verdacht, dieser Faszination selbst noch immer erlegen
zu sein, sie laufen auch Gefahr, die deutsche Bevölkerung zu entschuldigen, die
Deutschen in ihrer Masse als ein „verführtes Volk" darzustellen, die Urteilsfähigkeit des Einzelnen zu vernachlässigen und die Schuld einigen wenigen Haupttätern
zuzuschreiben. Über „Hitler – Eine Karriere" jedenfalls urteilte Wim Wenders damals folgendermaßen: „Dieser Film ist so fasziniert von seinem Objekt, von dessen Wichtigkeit, an der er partizipiert, dass dieses Objekt den Film immer wieder
übernimmt, zu seinem heimlichen Erzähler wird" (Wenders 1977).

Ob die Kritik berechtigt oder unberechtigt ist, soll an dieser Stelle nicht diskutiert werden. Wichtig ist aber die Feststellung, dass Hitler, Stalin, Pol Pot und
all die anderen Diktatoren und Menschheitsverbrecher, die moralisch nicht zum
„Helden" taugen, diese Rolle auch dramaturgisch nicht einnehmen können, da mit
der „Katharsis" das wichtigste dramaturgische Element fehlt. In aller Regel wird
der Identifikationsanker daher selbst dann, wenn sich eine Dokumentation biogra-
phisch einer so negativ konnotierten Personen anzunähern versucht, vollkommen
anders gelegt. Eine Möglichkeit stellen dabei die Zeitzeugen dar, die die erzähle-

---

[17] „Hitler – Eine Karriere", Regie: Joachim Fest, Christian Herrendoerfer, Deutschland 1977.

rische Hauptfigur begleiten, sich im Gegensatz zu ihr aber der Erkenntnis nicht
verweigern und damit in der Lage sind, dem Zuschauer, ähnlich wie in „Helden
ohne Heimat" das entscheidende Identifikationsangebot zu machen. Einen Sonderfall stellt allerdings der „demütige Täter" dar. Eben weil er eine
Katharsis durchgemacht und sich vom „Saulus" zum „Paulus" gewandelt hat, wird
er wiederum von Redakteuren und Regisseuren regelrecht gesucht. Aufgrund seiner Fehler fällt es dem Publikum leichter, sich mit ihm zu identifizieren, als mit
einer makellosen Idealgestalt, die möglicherweise das schlechte Gewissen in uns
wachruft, sich aber nicht eignet, das „Einer von uns"-Gefühl zu aktivieren. Der
„demütige Täter" ist daher dramaturgisch ähnlich interessant wie die „demütige
Tätergruppe" in „Helden ohne Heimat". Um ein prominentes Beispiel zu nennen,
sei auf den Dokumentarfilm „Fog of War" von Errol Morris verwiesen, in dem
nachgezeichnet wird, wie der ehemalige US-amerikanische Verteidigungsminister
Robert McNamara im Nachdenken über seine eigene Rolle im Vietnam-Krieg vom
„Falken" zur „Taube" geworden ist.[18]

4.6 Der Zeitzeuge als Gegenspieler: „Wem glaubt das Publikum?"

Ein weiteres Problem, dem sich Dokumentarfilmer im Umgang mit historischen
Stoffen stellen mussten, war die Frage, wie mit „Tätererinnerungen" umgegangen
werden könne, also mit Zeitzeugen, die aufgrund ihrer Rolle in der Geschichte,
ein Interesse daran haben, Ereignisse zu beschönigen, ihre eigenen Handlungen zu
rechtfertigen, die persönliche Schuld auf andere abzuwälzen. Die Behauptung der
Historiker, Zeitzeugen seien zur „autoritativen Beglaubigungsinstanz" (Sabrow
2012, S. 23) von historischen Dokumentationen aufgestiegen, fußt auf der These,
der Zuschauer würde alles glauben, was der Zeitzeuge erzählt; die Identifikation
gehe so weit, dass kritiklos alles hingenommen wird, was dieser mit der „Autorität
des Dabeigewesenen" (Näpel 2003) von sich gibt. Aus ebendieser Angst hat der
Dokumentarfilmer Erwin Leiser, der bereits 1960 mit seinem Film „Mein Kampf"
für Aufsehen gesorgt hat,[19] erklärt, er habe „nie Täter vor der Kamera befragt",
weil er ihnen „nicht glaube": „Sie (die Täter – J.L.) müssen sich verteidigen, sie
wollen ihre Verbrechen vergessen und geben sie nur zu, wenn ihnen eindeutige Be-
weise vorgelegt werden. Sie erst zu befragen und dann der Lüge zu überführen, ist

---

[18] „The Fog of War: Eleven Lessons from the Life of Robert S. McNamara", Regie Errol
Morris, USA 2003.
[19] „Mein Kampf/Den Blodiga tiden", Regie: Erwin Leiser, Schweden 1960.

nicht mein Stil und auch falsch. Denn wem glaubt das Publikum?" (Leiser 1992, S. 45).

Eine ganze Reihe von Dokumentarfilmen haben sich in der Nachfolge von Leiser allerdings durchaus der Herausforderung gestellt, „Täter" – seien dies nun KZ-Aufseher oder Stasi-Generäle – als Zeitzeugen zu befragen und dabei Techniken erprobt, die hier vorgestellt werden sollen, weil sie wichtige Anregungen auch für das Vorgehen in historischen Dokumentationen bieten. Um eine Identifikation mit den Protagonisten zu unterbinden, haben sich drei unterschiedliche Herangehensweisen herausgebildet. Die erste besteht in der direkten Gegenüberstellung von Tätern und Opfern. Nicht der Filmemacher muss dann den Zeitzeugen widersprechen, die „Opfer" sind es, die mit ihrer größeren moralischen Autorität den „Täter" in seine Schranken weisen und die von ihm evozierte Deutung der Geschichte ad absurdum führen.

Die zweite Möglichkeit besteht darin, den Filmemacher selbst zum „Helden" und seine „Reise zur Erkenntnis" zum dramaturgischen Faden zu machen. Der Filmemacher erklärt zu Beginn, warum er den Film macht, legt sein Erkenntnisinteresse offen und nimmt den Zuschauer dann mit auf seine persönliche Entdeckungsreise. In Claude Lanzmanns „Shoah" zum Beispiel ist es die reale Reise des Filmemachers Lanzmann zu den Orten der nationalsozialistischen Vernichtungspolitik, der der Zuschauer folgt. In ihrem preisgekrönten Film „Vaterlandsverräter" über einen Stasi-IM geht Annekatrin Hendel ebenfalls diesen Weg. In „Barluschke" inszeniert der Berliner Dokumentarfilmer Thomas Heise seine Begegnung mit dem ehemaligen MfS-Offizier und BND-Agenten Berthold Barluschke sogar regelrecht als ein intellektuelles Duell.[20] Der Film sei „angetan, den Zuschauer gegen seine Hauptfigur einzunehmen," resümierte die Berliner Zeitung dementsprechend, „weil er so ein unangenehmer Kerl ist, und damit nur bestätigt, was der unbescholtene Bürger sowieso über Spione denkt" (Friedrich 1998).

Eberhard Fechner wiederum setzt in seinem epochalen Film über das sogenannte Majdanek-Verfahren auf einem Mischung beider Methoden. Zum einen ist er in den Interviews als Filmemacher kenntlich, und ermöglicht so die Entstehung einer Bindung zwischen ihm und dem Zuschauer, die besonders bei Gesprächen mit den Tätern wirksam werden: „Wie würde ich mich verhalten, wenn ich so einer Bestie gegenübersitzen würde?"; „Welche Frage würde ich als nächstes stellen?" Zum anderen setzt er den Angeklagten zahlreiche Interviews mit Opfern und Zeugen entgegen. Das von Fechner erzeugte und gewünschte Ergebnis ist nicht Nähe, sondern Distanz zu den „Tätern" unter den Zeitzeugen.[21]

---

[20] „Vaterlandsverräter", Regie: Annekatrin Hendel, Deutschland 2011; „Barluschke – Psychogramm eines Spions", Regie: Thomas Heise, Deutschland 1997.

[21] „Der Prozess", Regie Eberhard Fechner, 3 Teile, Deutschland (NDR) 1984.

Die dritte Möglichkeit geht noch einen Schritt weiter, verzichtet auf einen im Bild erkennbaren Identifikationsanker vollständig und bringt vielmehr den Zuschauer selber in die Rolle des „Helden". Nicht die Metamorphose einer fremden Person oder Personengruppe ist dann das dramaturgische Grundmuster; die „Heldenreise" findet als Reise zur Erkenntnis im Zuschauer selbst statt. Dazu ein Beispiel aus der eigenen Erfahrung. Bei dem Film „Alltag einer Behörde", in dem sieben ehemalige Offiziere und Generäle des Ministeriums für Staatssicherheit der DDR aus ihrem Berufsleben plaudern, artikulierte die Redakteurin bereits nach Ansicht der ersten Interviews große Bedenken. Die Stasi-Offiziere würden wie „nette Opis" erscheinen, fürchtete sie. Damit sich keine ungewollte Identifikation des Zuschauers mit ihnen einstelle, um ihre Aussagen zu kontern und um nicht Gefahr zu laufen, die Tätigkeit der Staatssicherheit zu verharmlosen, sei es nötig, auch Opfer der Staatssicherheit zu befragen. Während die Redakteurin das erprobte Konzept der Gegenüberstellung von Tätern und Opfern befürwortete, suchten Christian Klemke und ich nach einer anderen Lösung, die in einer dramaturgischen Konstruktion bestand, die den Identifikationsanker nicht bei den Protagonisten setzte, sondern beim Zuschauer selbst, der in die Position des Opfers der Staatssicherheit gebracht wurde. In 90 Filmminuten durchlief der Zuschauer die verschiedenen möglichen Maßnahmen in der Reihenfolge, die die Staatssicherheit gegenüber einem Regimegegner üblicherweise anwandte: Observierung, IM-Anwerbung im Umfeld, Verhaftung, Verhör, Haft – und schließlich die Freilassung. Die Gesprächspartner waren so ausgesucht, dass sie alle diese Phasen aus eigener Erfahrung schildern und bewerten konnten. Während der Vorführung bzw. Ausstrahlung saß der Zuschauer (als Opfer) den Protagonisten (als Täter) in einer Art gedanklicher Duell-Situation gegenüber.[22]

4.7 Der Zeitzeuge und die Multiperspektivität

Von den aufgezeigten dramaturgischen Ansätzen im historischen Dokumentarfilm hat sich vor allem die Methode der Gegenüberstellung auch in der historischen Dokumentation etabliert – allerdings nicht immer in der Dichotomie „Täter" auf der einen, „Opfer" auf der anderen Seite. Meist geht es auch nicht so sehr darum, einer „falschen" Sicht auf Geschichte auf diese Weise entgegengetreten; es geht vielmehr darum, durch die parallele Darstellung unterschiedlicher Sichtweisen dem Zwang zu einer in sich geschlossenen, vermeintlich objektiven Geschichtserzählung zu entgehen. Zeitzeugen mit vollkommen unterschiedlichen Hintergrün-

---

[22] „Alltag einer Behörde – Das Ministerium für Staatssicherheit", Regie: Christian Klemke, Jan N. Lorenzen, Deutschland (MDR/ARTE) 2001.

den können die Zuschauer für einen multiperspektivischen Blick auf Geschichte empfänglich machen. Um dies zu erreichen, muss eine Sendung dem Publikum gegensätzliche Identifikationsangebote machen.

Beispiele hierfür gibt es viele. In der ARD-Dokumentation „Operation Donnerschlag" aus dem Jahr 1995 über die Zerstörung Dresdens am 13./14. Februar 1945 sind zwar die Mehrzahl der Zeitzeugen Überlebende des Bombenangriffes, die von ihren Erlebnissen in der Nacht des Bombardements erzählen, zugleich kommt jedoch mit Colin Campbell ein nachdenkliches Besatzungsmitglied eines britischen Lancaster-Bombers zu Wort, der einerseits von der Anspannung im Cockpit und seiner Angst, von deutscher Flak abgeschossen zu werden, berichtet, als auch von seinen Gewissensbissen erzählt, die ihn trotz der Überzeugung, etwas Notwendiges getan zu haben, bis heute plagen. Auch er ist ein Identifikationsangebot an den Zuschauer – und ohne die erschütternden Erlebnisse der Opfer des Bombenangriffes zu nivellieren, nimmt er den deutschen Erinnerungen ihre Einseitigkeit.[23]

Die zweiteilige ARD-Dokumentation „Stalingrad" aus dem Jahr 2003 versucht auf ähnliche Weise unterschiedlichen Perspektiven auf ein und dasselbe Ereignis gerecht zu werden – in diesem Fall auf die vermeintliche Entscheidungsschlacht des Zweiten Weltkrieges. Russische und deutsche Zeitzeugen kommen gleichermaßen zu Wort. Während die Aussagen sich in ihrer Emotionalität des Elends, der Beschreibung des Krieges, der Kälte und des Hungers in der bereits vollständig zerstörten Stadt weitgehend gleichen, wird zugleich deutlich, dass Stalingrad zu einem vollkommen unterschiedlich konnotierten Erinnerungsort geworden ist: Hier die Deutschen, denen Stalingrad aufzeigte, dass der Krieg nicht zu gewinnen war; und dort die Russen, für die die Schlacht der erste Hoffnungsschimmer seit langem und der Beginn einer zunehmend erfolgreichen Wendung zum Guten, zum Sieg über Nazi-Deutschland, war.[24]

4.8 Identifikation und Emotion

Aus den Beispielen sollte deutlich geworden sein, dass eine emotionale Bindung zwischen Zuschauer und Zeitzeuge nicht von allein entsteht. Nicht die bloße Anwesenheit eines Zeitzeugen in einer historischen Dokumentation erzeugt eine empathische Beziehung. Der Filmemacher muss, wenn er eine solche Beziehung wünscht, etwas dafür tun – und er kann ihr entgegen wirken. Zugleich muss davon ausgegangen werden, dass Zuschauer nicht alle Identifikationsangebote im

---

[23] „Operation Donnerschlag", Regie Matthias Koch, Deutschland (ARD, MDR) 1995.
[24] „Stalingrad", Regie: Christian Klemke, Deutschland (ARD, ORB) 2002.

gleichen Maße annehmen. Jungen reagieren erfahrungsgemäß stärker auf männliche Identifikationsangebote, während Mädchen weibliche Identifikationsfiguren bevorzugen. Einem Zuschauer aus bürgerlichem Milieu fällt es leichter, sich mit einem Lehrer, einem Arzt oder einem Rechtsanwalt zu identifizieren, als mit einem Arbeiter. Identifikation kann sich aus dem gemeinsamen Geschlecht, einer ähnlichen sozialen Position, der gleichen Nationalität oder auch aus gemeinsamer Überzeugung speisen – welches Motiv überwiegt, wird individuell entschieden. Während der männliche Zuschauer sich bei der oben angeführten Dokumentation über Stalingrad möglicherweise mit dem deutschen Soldaten identifiziert und sich die Frage stellt, wie er handeln würde, wenn er selbst in eine ähnliche Situation geraten würde, empfindet die auf demselben Fernsehsofa sitzende Ehefrau möglicherweise größere Nähe zu der in den Ruinen der Stadt um das Überleben ihrer Kinder kämpfenden (russische) Mutter, weil dies die Rolle ist, die sie in einer vergleichbaren Situation für sich annehmen würde. Aus diesem Grund versuchen viele Regisseure in ihren Dokumentationen einen möglichst breiten Fächer mit Identifikationsangeboten auszubreiten, um möglichst viele Zuschauergruppen anzusprechen.

Ziel der „Identifikation" in der historischen Dokumentation ist es, einen Prozess anzustoßen, der ein Mitempfinden mit den Protagonisten und dessen Emotionen möglich macht – und über den sich der Zuschauer zugleich, aber eigentlich indirekt, historische Zusammenhänge erschließt. Im Verständnis der meisten Regisseure und Redakteure von historischen Dokumentationen sind Emotionen wie Angst, Verzweiflung, Trauer, Hass, aber auch Hoffnung und Freude Teil der historischen Prozesse und bestimmen unser Handeln ebenso, wie rationale Überlegungen. „Eine Geschichte," behauptet Christopher Vogler, „lädt uns dazu ein, für einige Zeit einen Teil unserer eigenen Identität in den Helden zu investieren. (...) Wir projizieren uns in die Psyche des Helden und betrachten die Welt mit seinen Augen" (Vogler 1998, S. 89).

Aus dem Vorstehenden lässt sich direkt ableiten, was ein Zuschauer benötigt, um sich selbst in Beziehung zu einem Zeitzeugen oder zu einer Gruppe von Zeitzeugen zu setzen: Der Zuschauer muss Gelegenheit bekommen, den „Helden" der Geschichte, sei dies nun eine einzelne Figur oder eine Gruppe, kennenzulernen. Dazu müssen die Zuschauer eine Reihe von Informationen bekommen, etwa über Herkunft, Ziele oder Motive der Protagonisten. Wieder greift dies auf die von Campbell und Vogler destillierten dramaturgischen Grundmuster zurück: Der Held muss aus seiner gewohnten Umgebung aufbrechen, wobei Umgebung nicht nur den Raum meint, sondern auch die Umstände seines Lebens: ist der „Held" reich oder arm, gebildet oder ungebildet, jung oder alt, sympathisch oder arrogant? Ist er männlich oder weiblich? Ist er mutig oder feige? Um diese Informationen schnell, kompakt und dennoch sinnlich zu transportieren, hat sich der Einsatz eines Privatfotos des Protagonisten als das Mittel der Wahl herausgestellt. Verbunden mit einem solchen Foto reichen meist wenige Sätze über Beruf und Herkunft, über Alter und persönliche Motive. Fehlen diese Informationen kann es passieren, dass selbst eine eigentlich hoch emotionale Erzählung ohne Wirkung auf den Zuschauer bleibt, zum Teil gar nicht wahrgenommen wird. Auch dazu ein Beispiel aus der eigenen Erfahrung: Bei der Rohschnittabnahme zu „Der Turm – Die Dokumentation", einer historischen Dokumentation über das Dresden der 1980er Jahre, die als Begleitdokumentation zur Verfilmung von Uwe Tellkamps Roman „Der Turm" konzipiert wurde, bin ich für die Auswahl meiner Zeitzeugen heftig kritisiert worden. Die eingeschnittenen Interviewpassagen wirkten auf die Redakteure langweilig, in der Konsequenz, so der Tenor, „funktioniere" der ganze Film nicht. Nach kurzer Diskussion stellte sich heraus: Es fehlte das Identifikationsangebot. Um die Aussagen der Zeitzeugen inhaltlich und emotional wahrzunehmen, bedurfte es einer Vorstellung, einer Einführung der Protagonisten, die ich unterschlagen hatte. Ergänzt um die persönlichen Fotos auf denen die entsprechenden einführenden Worte Platz fanden, dass es sich bei den Personen, die vor die Kamera traten, um eine Musiklehrerin aus bildungsbürgerlichem Milieu, um einen regimekritischen Arzt und um eine oppositionell-orientierte Schülerin handelte, wurde der Film ohne weitere, größere Beanstandungen abgenommen.[25]

Eine „Überwältigung" des Zuschauers ist dabei weder das Ziel, noch ist sie dramaturgisch notwendig. „Identifikation" bedeutet keineswegs, die Meinungen und Ansichten des Protagonisten kritiklos zu übernehmen, in seine Emotionen unreflektiert abzutauchen, das eigene Urteilsvermögen mit dem Anschalten des Fernsehers gleichzeitig abzuschalten. Es bleibt jedem Zuschauer freigestellt, sich über seinen „Helden" zu ärgern, seine Handlungen abzulehnen, mit seinen Meinungen und Haltungen in einen stummen Dialog zu treten – sich mit ihm und seiner Rolle in der Geschichte auseinanderzusetzen. Der Schlüssel zu dieser beabsichtigten Auseinandersetzung sind nun wiederum gerade die von den Historikern so stark kritisierten Emotionen. Denn je persönlicher die Erlebnisse, je emotionaler die Statements eines Zeitzeugen sind, desto deutlicher sind sie zugleich als subjektiv markiert. Erst mit Hilfe dieser Markierung können sie vom Zuschauer entsprechend wahrgenommen werden; erst dadurch werden sie einer kritischen Auseinandersetzung zugänglich. Historiker, die Sachverhalte scheinbar objektiv darstellen (und auch Zeitzeugen, die wie Historiker agieren), entziehen sich dieser Auseinandersetzung und nehmen daher erzählerisch eine vollkommen andere Rolle ein. So wie ein Journalist nach der sog. Trennungsregel Information und Meinung von-

---

[25] „Der Turm – die Dokumentation", Regie: Jan N. Lorenzen, Deutschland (ARD, MDR) 2012.

einander unterscheidbar zu präsentieren hat, so versucht der Regisseur einer historischen Dokumentation mit Hilfe des Zeitzeugen das „subjektiven" Erleben von den „objektiven" Fakten zu trennen. Damit gilt auch umgekehrt, dass Zeitzeugen nicht eingesetzt werden können, um historische Sachverhalte zu referieren; in aller Regel kommt dem Kommentar diese Aufgabe zu (dies wird in Kap. 8.5. genauer zu diskutieren sein). Es ist daher gerade das Ziel des Regisseurs, im Zeitzeugeninterview eine nüchterne, vermeintlich objektive Erzählung der Ereignisse zu verhindern. „Und was haben Sie dabei gedacht?", „Wie haben Sie sich gefühlt?" das sind die wohl am öftesten geäußerten Nachfragen im Interview, wenn der Zeitzeuge von sich aus die Erlebnisebene verlässt und auf die Erklärebene wechselt.

4.9 Umgang mit „falschen" Erinnerungen

Von der Pflicht, die Erinnerungen der Zeitzeugen einer sorgfältigen Quellenkritik zu unterziehen, enthebt einen die Trennung in „subjektive" Erlebnisse und „objektive" Fakten freilich nicht – oder zumindest nicht ganz. In beinahe jede Äußerung mischen sich Faktenbehauptungen; und auch subjektive, emotionale Schilderungen müssen darauf untersucht werden, ob sie glaubwürdig sind, ob sie sich so wie geschildert zugetragen haben können, ob sie große, möglicherweise unauflösbare Diskrepanzen zu den Erkenntnissen der akademischen Forschung aufweisen. Die von Vertretern der „Oral History" als Idealfall angesehene Situation, dass ein Zeitzeuge eine Erinnerung vor der Kamera erstmals, und damit mutmaßlich unverfälscht preisgibt, ist leider nicht die Regel. Oft werden dem Geschichtsfilmer auch Erinnerungen preisgegeben, deren Tauglichkeit für die Öffentlichkeit bereits mehrfach erprobt wurde. Welche emotionalen Umdeutungen den Erlebnissen dabei widerfahren sind, ist meist schon schwer zu erkennen; wie praktisch mit erkannten emotionalen Umdeutungen umgegangen werden kann, noch viel schwieriger zu entscheiden.

Dazu ein Beispiel. Bei der Arbeit an der Fernsehreihe „60mal Deutschland" hat der Fernsehjournalist Christof Hoelscher einen Mann interviewt, der als damals elfjähriger Junge an der deutsch-holländischen Grenze Kaffee geschmuggelt hat. Erst kurz vor der Sendung stellte sich heraus, dass das im Green-Screen-Verfahren aufgenommene Interview technisch mangelhaft war. Der Hintergrund konnte nicht sauber gestanzt werden. Der Produzent entschloss sich daraufhin, das Interview zu wiederholen, obwohl die Sendung bereits redaktionell abgenommen war und auch die Aufnahme des Kommentartextes schon erfolgt war. Selbst eine geringe Varianz in der nun neu zu erzählenden Geschichte würde unweigerlich dazu führen, dass die gesamte Folge neu geschnitten werden müsse. Zur Überraschung aller Beteiligten hat der Zeitzeuge seine Geschichte wörtlich wiederholt. Selbst das Tempo der Erzählung, mit eingefügten Kunstpausen, wies nur eine sehr geringe Varianz auf. Ganz offensichtlich war die Erzählung an unzähligen Familienabenden, bei Kneipenrunden und auf Betriebsfeiern getestet und im Laufe der Jahrzehnte immer weiter verfeinert worden, bis sie schließlich ihre endgültige Form erreicht hatte. Dass die Erzählung eine Wandlung durchgemacht hatte, war offensichtlich; die Frage war nur: welche? Mit viel Charme wurden dem Regisseur die Erlebnisse als eine amüsante Räuberpistole präsentiert. Andere Bestandteile, Aspekte, die dieser Heldengeschichte entgegen gestanden hätten, waren aus der Erzählung verbannt worden. Versetzt man sich jedoch in die Situation eines minderjährigen Kindes, das von der Polizei gejagt wurde, wird offensichtlich, welches dieser verdrängte Aspekt war: Angst! Glücklicherweise hatte sich der Regisseur in seiner Schnittfassung für die eher nachdenklichen, ruhigen Passagen des Interviews entschieden. Der Austausch der Interviewsequenzen in der bereits geschnittenen Folge von „60mal Deutschland" war damit unproblematisch.

Die Umdeutung der Geschichte des Kaffeeschmuggels an der deutsch-holländischen Grenze ist ein vergleichsweise harmloses Beispiel, welche Wandlungen Erlebnissen widerfahren können. Oft kommt es vor, dass durch Gruppenerzählungen Ereignisse in die eigene Erinnerung soweit integriert werden, dass kaum noch zwischen eigenen Erfahrungen und Fremderleben differenziert werden kann. Dieses Phänomen soll am Beispiel der Zerstörung Dresdens am 13./14. Februar 1945 erörtert werden, denn hier zeigen sich die Konflikte zwischen einer akademischen Geschichtsschreibung und der kollektiven Erinnerung der Dresdner Einwohner mit aller Schärfe: Glaubt man den Aussagen der meisten Zeitzeugen, dann hat es bei diesem Angriff „glühenden Phosphor" geregnet. „Jagdbomber" seien „im Tiefflug" gekommen, um die „schutzlose Bevölkerung" am Elbufer und im Großen Garten niederzumähen. Der Historiker Götz Bergander, selbst Überlebender und Zeitzeuge des Angriffs, ist diesen Erzählungen nachgegangen und hat sie größtenteils ins Reich der Legende verwiesen. Er hat die Beladungslisten der britischen und US-amerikanischen Bomber eingesehen, die Einsatzberichte der Piloten studiert und die Meldungen des Oberkommandos der Wehrmacht analysiert. Er hat sogar herausgefunden, wie die Gerüchte entstanden sind, auf welchen, unter Schock gemachten Beobachtungen sie fußen, und in welcher psychologischen Situation sie sich verbreiteten (Bergander 1994, S. 186–209). Eine Rückwirkung auf die Erzählungen der Zeitzeugen haben Berganders Erkenntnisse freilich nicht gehabt. Jeder Filmemacher, der sich in den letzten Jahrzehnten mit Überlebenden des Angriffs zu Gesprächen oder Interviews getroffen hat, sah sich in vielen Variationen mit den immer gleichen Erzählungen von brennendem Phosphor konfrontiert, die laut Bergander auf einer Fehlwahrnehmung beruhen. Beinahe jeder Zeitzeuge wusste zudem mit der Geschichte eines Tieffliegerangriffes aufwarten, die es, folgt man Bergander, nur in wenigen Ausnahmefällen gegeben hat. Es war offensichtlich, dass diese Erzählungen in die eigene Erinnerung integriert worden waren, um das Erlebte besser verbalisieren zu können, das eigene Leid zu betonen und den „verbrecherischen" Charakter des Angriffs auf Dresden herauszustellen. Dies in einer Dokumentation einen Zeitzeugen mit der „Autorität des Dabeigewesen" berichten zu lassen, käme in der Tat der Verbreitung eines revisionistischen Geschichtsbildes gleich. Falscherinnerungen mit geschichtspolitischer Dimension!

Dem Regisseur, der auf Zeitzeugenaussagen nicht verzichten möchte, stellt sich in der Praxis demzufolge die Frage, ob dieser Teil der „Erinnerung", lediglich aus dem Interview heraus getrennt und dem Zuschauer somit vorenthalten werden muss, ob eine Kommentierung das Interview „retten" kann, oder ob der Zeitzeuge grundsätzlich als unglaubwürdig anzusehen ist. Entscheidungen dieser Art müssen von Fall zu Fall, möglichst in Rücksprache mit dem betreuenden Redakteur und dem Produzenten getroffen werden. Folgende Überlegungen können dabei vielleicht eine erste Hilfestellung sein:

Stellt der Autor/Regisseur im Vorgespräch oder im Interview fest, dass die gesamte Erzählung nicht auf eigenem Erleben, sondern auf Erzählungen von Freunden und Verwandten fußt, handelt es sich nicht um einen Zeitzeugen – ihn als solchen zu präsentieren ist eindeutig unredlich.

Handelt es sich bei den als „falsch" erkannten Erzählsträngen jedoch um eigene Beobachtungen, die lediglich Fehldeutungen enthalten (dies gilt für viele Erzählungen der Überlebenden des Angriffs auf Dresden am 13./14. Februar), bedeutet dies nicht unbedingt, dass die Redlichkeit der Gesamterzählung in Frage gestellt ist. Für das Empfinden von Todesangst im Feuersturm ist es unerheblich, ob diese durch Phosphor- oder durch gewöhnliche Brandbomben hervorgerufen wurde. Es liegt im Geschick des Regisseurs, an den fraglichen Stellen des Interviews so nachzufragen, dass im Schneideraum eine Aussonderung der „falschen" Erinnerungen möglich ist.

Die dritte Möglichkeit besteht darin, den Zeitzeugen im Interview mit den wissenschaftlichen Erkenntnissen zu konfrontieren und damit einen, auch für die Dokumentation durchaus nutzbaren Prozess der Reflektion der eigenen Erlebnisse anzustoßen. Allerdings wird dies nur bei Zeitzeugen, die intellektuell und psychisch in der Lage sind, ihre Erinnerungen einer derart schmerzlichen Kontrolle zu unterziehen und den Reflektionsprozess mitzugestalten, gelingen. Ist dies nicht der Fall, beharrt der Zeitzeuge auf seiner Wahrnehmung, ist die Gefahr tatsächlich groß, dass er entweder in seiner Glaubwürdigkeit insgesamt beschädigt wird, oder der Zuschauer die Autorität des Zeitzeugen höher bewertet, als die Beweiskraft der präsentierten Dokumente.

Ganz gleich, wie sich ein Regisseur in Absprache mit dem Redakteur im Falle einer problematischen Aussage entscheidet: Transparent gemacht werden kann der Entscheidungsprozess nicht. Während es im Rahmen einer fachwissenschaftlichen Veröffentlichung möglich ist, quellenkritische Überlegungen anzustellen und die Aussagen zu hinterfragen, bleibt dem Fernsehautor nur die Entscheidung zwischen ja und nein.

4.10   Die Recherche nach Zeitzeugen

Angesichts der Bedeutung, die Zeitzeugen in historischen Dokumentationen zu-kommt, ist es selbstverständlich, dass die Recherche nach ihnen zu den wichtigsten und mitunter schwierigsten Aufgaben eines Autors gehört. Zeitzeugen zu finden, sie zu einem Interview zu bewegen – und dann ein interessantes, emotionales In-terview zu führen – das sind die wahrscheinlich wichtigsten Fähigkeiten, um als Autor historischer Dokumentationen erfolgreich zu sein.

Die unkomplizierteste Hilfe bei der Suche nach Zeitzeugen bieten dabei sicher-lich die zahlreichen Gedenkstätten und Geschichtsvereine, die durch ihre jahrelan-ge Arbeit über eine Vielzahl an Kontakten verfügen und diese oft auch bereitwillig zur Verfügung stellen. Die bei diesen Gedenkstätten gemeldeten Zeitzeugen sind von sich aus an einem Austausch interessiert und oftmals auch einem Auftritt vor Mikrofon und Kamera nicht abgeneigt. Ist die Schnittmenge zwischen dem The-ma der geplanten Dokumentation und der Arbeit der Gedenkstätte sehr groß, ist die Gedenkstätte zudem im Besitz von Dokumenten und Archivaufnahmen zum Thema, dann lohnt es sich, über eine grundsätzliche Zusammenarbeit nachzuden-ken und diese Zusammenarbeit ggf. auch in einen Kooperationsvertrag münden zu lassen, der die journalistische Freiheit freilich nicht einschränken darf. Da Gedenk-stätten sich zumeist am Ort des Geschehens befinden, haben sie oft auch Entschei-dungsbefugnis, was etwa die Erteilung von Drehgenehmigungen betrifft.

Es versteht sich von selbst, dass sich die Hilfe einer solchen Organisation bei der Suche nach Zeitzeugen oftmals nur auf eine Seite der Zeitzeugenschaft bezieht. Viele Gedenkstätten haben sich einer „Parteilichkeit mit den Opfern" verschrieben, die sich daraus ergibt, dass „die Gedenkstätten häufig große Friedhöfe mit daraus folgenden moralischen Implikationen" sind (Lutz 2009, S. 13). In der Gedenk-stätte Buchenwald kann man auf Hilfe bei der Suche nach Überlebenden des KZ und ehemaligen Insassen des Speziallagers hoffen, aber nicht auf Kontakt zu ehe-maligen Aufsehern.[26] Die Gedenkstätte Hohenschönhausen ist gerne behilflich bei

---

[26] Gedenkstätte Buchenwald, 99427 Weimar.

der Vermittlung von Opfern der Staatssicherheit, muss aber passen, wenn es um
Interviews mit Vernehmern oder Wachpersonal des ehemaligen Gefängnisses der
Staatssicherheit geht.[27]

Kommt man daher auf dem Weg über Gedenkstätten und Geschichtsvereine
nicht weiter, bietet sich eine Kontaktaufnahme über Traditionsverbände an. Dies
können zum Beispiel die Vertriebenen- oder Veteranenverbände sein. Die deutschen Überlebenden der Schlacht um Stalingrad 1942/43 waren bis 2004 im „Bund
der Stalingradkämpfer" organisiert. Die ehemaligen Angehörigen der Waffen-SS
hatten sich in der „Hilfsgemeinschaft auf Gegenseitigkeit der ehemaligen Angehörigen der Waffen-SS e. V." zusammengeschlossen, die sich mittlerweile allerdings ebenfalls aufgelöst hat. Ähnliche Zusammenschlüsse von Angehörigen
der „bewaffneten Organe" gibt es auch für die DDR. Ehemalige Mitarbeiter der
Staatssicherheit haben das in Berlin ansässige „Insiderkomitee zur Förderung der
kritischen Aneignung der Geschichte des MfS" gegründet.[28] Für die Angehörigen
der NVA gibt es ebenso einen Traditionsverband,[29] wie für zahlreiche ihrer Unter-
gliederungen: die Grenztruppen, die Fallschirmjäger oder die Kampfschwimmer.[30]

Ob es gelingt, auf diesem Wege Zeitzeugen nicht nur zu kontaktieren, sondern
auch zu einem Fernsehinterview zu überreden, ist sehr abhängig vom persönlichen
Geschick des Anfragenden, und von den Erfahrungen, die diese Verbände in den
Vorjahren mit Medienvertretern gesammelt haben. Es empfiehlt sich meist nicht,
bereits beim Erstkontakt (am Telefon) die konkreten Interviewwünsche zu formulieren. In der Regel ist es besser, zunächst das persönliche Gespräch zu suchen, bei
einem Treffen das Anliegen in Ruhe zu erläutern – auch wenn dies mitunter mit
aufwendigen Reisen verbunden ist.

Eine weiterer wichtiger Rechercheweg führt über die einschlägige Literatur.
Hierbei ist allerdings nicht die wissenschaftliche Fachliteratur gemeint, die in
der Regel wenig Hinweise auf Zeitzeugen und deren Lebensgeschichten enthält,
sondern vielmehr die von Historikern verschmähten, oftmals in kleinen, unbedeu-
tenden Verlagen oder sogar im Selbstverlag als „book on demand" erscheinenden
Lebenserinnerungen und Memoiren. Mag ihr wissenschaftlicher Wert noch so gering sein, für Autoren einer historischen Dokumentation finden sich nur in diesen
Darstellungen die für eine historische Dokumentation unverzichtbaren persönlichen Erlebnisse.

---

[27] Gedenkstätte Berlin-Hohenschönhausen, Genslerstr. 66, 13055 Berlin.

[28] www.mfs-insider.de.

[29] Traditionsverband Nationale Volksarmee e. V., Franz-Mehring-Platz 1, 10243 Berlin.

[30] www.grenztruppen-der-ddr.de; www.nva-fallschirmjaeger.de; www.kampfschwimmer-
vm.de.

Kommt man auf all diesen Wegen nicht weiter, ist eine Zeitungsanzeige zu empfehlen, die allerdings nur dann erfolgversprechend ist, wenn das Thema regional eingegrenzt, die Anzeige also gezielt geschaltet werden kann. Auch hier habe ich die besten Erfahrungen nicht mit großen Tageszeitungen, wie der Süddeutschen oder der Frankfurter Allgemeine Zeitung, sondern mit Regionalzeitungen, kleinen Wald-und Wiesenblättchen sowie kostenlosen Stadtteilzeitungen gemacht.

Die letzte Möglichkeit ergibt sich, wie bei jedem Journalisten, aus dem Netzwerk, das sich im Laufe des Berufslebens herausbildet. Nur der Vollständigkeit halber sei erwähnt, dass man per Zuschauerpost auf viele interessante Zeitzeugen erst stößt, nachdem die fertige Dokumentation bereits gesendet wurde – und die nun, als Reaktion auf die Sendung, noch ihre eigenen Erlebnisse beisteuern wollen.

4.11 Die Vorbereitung eines Interviews

Angesichts der Bedeutung von Zeitzeugeninterviews ist es unerlässlich, dass jeder Autor und Regisseur Interviewtechniken entwickelt, die nach Bedarf, Situation und zu interviewenden Person variiert werden können. Die Hinweise, die in den meisten journalistischen Lehrbüchern (z. B. Haller 1997) gegeben werden, sind allerdings auf historische Dokumentationen nur bedingt anwendbar, denn im Gegensatz zu investigativen Journalisten hat ein Autor historischer Dokumentationen selten mit aktiven Politikern zu tun, denen eine wichtige Information entlockt werden soll. Auch mit dem Problem, auf Prominente zu treffen, die zwar eloquent vor der Kamera auftreten können, aber zugleich gelangweilt sind, weil alle möglichen Fragen ihnen in vorherigen Interviews bereits mehrfach gestellt wurden, sieht sich ein Autor historischer Dokumentationen nur selten konfrontiert. Am ehesten ähnelt das Zeitzeugen-Interview dem, was im journalistischen Sprachgebrauch „etwas hochstapelnd Tiefeninterview" genannt wird (Haller 1997, S. 120).

In der Mehrzahl der Fälle treten die Zeitzeugen einer historischen Dokumentation erstmals vor eine Kamera. Sie sind in der Regel offen, auskunftsfreudig und zugleich – je nach Charakter – unsicher, aufgeregt oder neugierig auf das, was sie erwartet. Trotz ihrer grundsätzlichen Bereitschaft haben sie sich meist aber noch nicht entschieden, wie viel von ihren Erlebnissen und vor allem wie viel Emotionen sie preis zu geben bereit sind. Der Dokumentarfilmer Thomas Schadt schreibt, es hätte ihm immer geholfen, sich in der Vorbereitung eines Interviews gedanklich in die Rolle des Befragten zu versetzen. Denn nicht nur der Fragesteller, auch der, der befragt werde, beginne sofort nach der Verabredung damit, über das bevorstehende Interview nachzudenken: „Was will der Regisseur von mir wissen? Was werde ich wohl gefragt werden? Was soll ich erzählen? Was will ich erzählen? Was will ich nicht preisgeben? Kann ich mich überhaupt so ausdrücken, dass man mich inhaltlich versteht?" (Schadt 2012, S. 169).

Der Erfolg hängt also von der Kunst des Regisseurs ab, eine Gesprächsatmosphäre zu erzeugen, in der Vertrauen herrscht und die in der Lage ist, Erinnerungen an Ereignisse, die oft Jahrzehnte zurückliegen, zu stimulieren. Entscheidend hierfür sind nicht so sehr der persönliche Charme oder das sympathische Auftreten, sondern vor allem vier Dinge: ehrliches Interesse, gute Vorbereitung, Wahl des richtigen Ortes und genug Zeit.

Es liegt auf der Hand, dass ein Interview nur gelingen kann, wenn ausreichend Zeit vorhanden ist. Unter Zeitdruck eine Gesprächsatmosphäre herzustellen, die Platz für Zwischentöne, Abwägungen und Emotionen lässt, ist unmöglich. Rein praktisch muss im Drehplan also genug Zeit reserviert werden. Bei den engen Budgets ist dies nicht selbstverständlich. Nur zu leicht lässt man sich dazu verleiten, die Dauer eines Interviews auf Druck des Produktionsleiters falsch einzuschätzen. Wenn man innerhalb des Teams noch nicht gut aufeinander eingespielt ist, ist es zuweilen auch nötig, Kameramann und Tontechniker auf die Dauer eines Interviews vorzubereiten. Viele Teams kennen Interviewdrehs, in denen kurze, auf den schnellen Effekt abzielende Statements „abgeholt" werden; ein Interview dann nicht länger als eine halbe Stunde dauert. Ein Interview, in dem auch einmal über einen längeren Zeitraum nichts gesprochen wird, was im engeren Sinne für den geplanten Film benötigt wird, sondern lediglich der Gesprächsdramaturgie dient, die Kameramann und Tontechniker unbekannt ist, kann dann für Unruhe und Nervosität sorgen – und diese Nervosität überträgt sich unweigerlich auf den Interview partner.

Oft fragt auch der Zeitzeuge selber im Vorgespräch nach der voraussichtlichen Dauer des Interviews. Für den Regisseur ist dies ein gefährlicher Moment. Dem Zeitzeugen zu offenbaren, dass man zum Beispiel vier Stunden (inklusive Auf- und Abbau) eingeplant hat, kann die Unruhe, Unsicherheit und Nervosität erhöhen – und das, obwohl es bei der großzügigen Zeitplanung gerade darum geht, über Ruhe die ohnehin vorhandene Nervosität abzubauen. Zugleich muss der Regisseur dafür sorgen, dass der Protagonist genügend Zeit reserviert und nicht durch Anschlusstermine selber unter Druck gerät.

Die zweite wichtige Entscheidung betrifft den Drehort. In der Regel besteht die Wahl zwischen den Privaträumen des Zeitzeugen (wenn dieser einwilligt), einem vollkommen neutralen Raum, der meist angemietet werden muss, und dem Dreh am sog. Originalschauplatz, also dem Ort der gewissermaßen im Zentrum der zu besprechenden Ereignisse steht: etwa ein Gefängnis, ein Konzentrationslager, ein Luftschutzbunker. Die grundsätzlichen Vor- und Nachteile des Drehs am Originalschauplatz werden in Kap. 7.8. diskutiert. Hier reicht es darauf hinzuweisen, dass der Originalschauplatz die Erinnerungen und vor allem die Emotionen zwar stark stimuliert, dass sich dort oftmals aber nicht die zugleich gewünschte Ruhe und Privatheit herstellen lässt. Die meisten entsprechenden Originalschauplätze sind unwirtlich und kalt; viele sind heute, ob sie als Ruine sich selbst überlassen oder zur Gedenkstätte umgebaut sind, öffentlich. Der unvermeidliche Besucherverkehr kann dazu führen, dass man Zuhörer bekommt, die unweigerlich die Intimität brechen. Selbst wenn man sich also dazu entscheidet, mit einem Zeitzeugen an den Originalschauplatz zurückzukehren, ersetzt dies in der Regel nicht das ungestörte, private Gespräch. Die besten Erfahrungen habe ich persönlich mit einer Kombination gemacht, bei der ein ruhiges, konzentriertes Interview durch eine anschließende Begehung des Originalschauplatzes ergänzt wird. Die Reihenfolge ist deswegen wichtig, weil dann bereits vor der Begegnung mit dem Originalschauplatz ein gegenseitiges Kennenlernen stattgefunden hat und kein Misstrauen mehr der angestrebten Stimulation der Erinnerung im Wege steht.

Das eigentliche Interview sollte wenn irgend möglich in den Privaträumen des Zeitzeugen durchgeführt werden. Ein neutraler Ort bietet zwar den Vorteil, dass der Auf- und Abbau des Interviewsettings ohne den Zeitzeugen stattfinden kann – und bei einem Dreh mit einem vielbeschäftigten Politiker mag dies ein entscheidender Vorteil sein – in der Regel aber ist es wichtiger, dass der Zeitzeuge sich wohl in seiner Haut fühlt – und die Voraussetzung dafür ist bei einem Dreh in den eigenen vier Wänden eher gegeben.

Eng verknüpft mit der Frage des Interviewortes ist die Wahl des Hintergrundes. Initiiert vom ZDF war es eine Zeit lang auch in der ARD Mode, Zeitzeugen vor einfarbig dunklen, schlaglichtartig ausgeleuchteten Hintergründen zu präsentieren. Einige Historiker haben dies scharf kritisiert, weil dem Zuschauer wichtige Informationen über die Wohnverhältnisse und die soziale Stellung des Zeitzeugen vorenthalten würden. Zudem verschleiere die in allen Produktionen gleiche Hintergrundgestaltung, ob das Interview wirklich für diesen Film aufgenommen wurde oder ob der Zeitzeuge bereits vor vielen Jahren zu einem ähnlichen Thema befragt worden ist (Näpel 2003, S. 220–221). Dies ist unzweifelhaft richtig und gilt zugleich auch für Interviews, die im sogenannten Green- oder Bluescreen-Verfahren gedreht wurden, bei denen das Hintergrundbild – meist ein bewusst unscharf gehaltenes Symbolmotiv – erst später eingefügt wird. Den Nachteilen stehen aber zwei Vorteile entgegen: Zum einen erleichtert eine solche Homogenisierung der Hintergründe es, der Dokumentation einen optischen „Look" zu verpassen (Guido Knopp hat den Interview-Hintergrund geradezu zu seinem Markenzeichen gemacht); zum anderen kann ein neutraler Hintergrund die Konzentration auf den Protagonisten erhöhen. Gerade bei den cliparty zurechtgestutzten Statements in den Knopp-Dokumentationen – ein Mitarbeiter der Redaktion soll einmal gesagt haben, es gelte

das Prinzip „Kein Zeitzeuge über 20 Sekunden, nur der Heilige Vater bekommt 30"
(zit. n. Jakobs 1999, S. 138) – muss alles, was von der Person ablenken könnte,
aus dem Bild verbannt werden. Würde der Zuschauer seinen Blick erst durch das
Zimmer des Protagonisten schweifen lassen, wäre er kaum noch in der Lage, die
knappe Aussage des Zeitzeugen inhaltlich und emotional aufzunehmen. Plant der
Regisseur dagegen, auch einmal längere Aussagen frei stehen zu lassen, kann der
Raumeindruck, der Hinweis auf die soziale Stellung, dem Zuschauer den Zugang
zum Zeitzeugen sogar erleichtern.

Die dritte wichtige Voraussetzung, dass ein Interview gelingen kann, ist die inhaltliche Vorbereitung – doch ist sie von anderer Art, als bei einem journalistischen
Interview. Prominente und Politiker testen zuweilen mit gezielten Fragen, ob ihr
Gegenüber gut vorbereitet zum Interview erscheint, und reagieren entsprechend
unwirsch, wenn sie bemerken, dass dies nicht der Fall ist. Bei Zeitzeugen ist dies
nur in Ausnahmefällen zu befürchten. In der Regel gehen sie davon aus, dass sie
alles erklären müssen, auch die historischen Zusammenhänge, und sie tun dies bereitwillig. Auch die journalistische Grundregel, dass man nur das erfährt, was man
auch erfragt, gilt im Zeitzeugeninterview in dem Maße nicht. Thomas Balkenhol
hat darauf hingewiesen, dass es im Dokumentarfilm eher das Ziel ist, einen „Erinnerungsmonolog anzustoßen", als ein klassisches Interview zu führen (Balkenhol 1999, S. 123–143), und Thomas Schadt ergänzt: „Die besten Fragen ergeben
sich aus laufenden Antworten. ‚Vorlagen' nenne ich sie, Stichwörter, Formulierungen, spontane Themenwechsel des Protagonisten, die oft plötzlich und unverhofft
die Tür zu etwas öffnen, was viel interessanter ist als das, was man erwartet hat"
(Schadt 2012, S. 172–173). Von der Pflicht zur sorgfältigen Vorbereitung befreit
einen diese Feststellung allerdings nicht. Vor allem gilt es, herauszufinden, wie
der Erinnerungsmonolog angestoßen werden kann. Dafür muss man sich zunächst
von der ebenfalls journalistischen Vorstellung freimachen, dass man als Regisseur
im Gespräch wie ein Talkmaster mit Schlagfertigkeit und geschliffenen Formulierungen glänzen muss. Eine ehrliche, interessierte Frage, auch wenn sie unbe-
holfen formuliert oder gestottert ist, öffnet die Tür zur Erinnerung viel weiter, als
eine schlagfertige Reaktion oder eine eloquent vorgetragene These. Für sich selber
herauszufinden, was einen an der zu interviewenden Person, seiner Geschichte,
seinem Beruf und seinem Verhalten interessiert, ist demzufolge die eigentliche
Aufgabe der Vorbereitung. Dazu kann es helfen, sich in sein Gegenüber hinein zu
versetzen. Es kann helfen, sich die Frage zu stellen, wie man selber in einer ähnlichen Situation gehandelt, oder wie man sich gefühlt hätte. Hat man diese Fragen
für sich beantwortet, benötigt man einen schriftlichen Fragenkatalog nur noch als
Gedankenstütze, der zum einen dazu dient, den Monolog, wenn er ins Stocken gerät, neu zu beleben; und der zum anderen hilft, keine Fragen zu vergessen, die für

die Nacherzählung der Geschichte wichtig werden könnten. Gerade Fragen, die im Sinne der Heldenreisen-Dramaturgie von Bedeutung sind (nach der Ausgangssituation, nach Ratgebern und Mentoren, nach Wendepunkten, eigenen Zweifeln etc.) werden viel zu selten gestellt und meist im Schneideraum schmerzlich vermisst. All diese Hinweise gelten für klassische Zeitzeugengespräche. Es steht auf einem anderen Blatt, dass Interviews mit Politikern, Generälen, Wirtschaftsmanagern etc., die zuweilen ja auch für historische Dokumentationen befragt werden, in der Regel anders verlaufen. In solchen Fällen ist es durchaus ratsam, sich auch provozierende Fragen zu überlegen, mit denen der Gesprächspartner notfalls aus der Reserve gelockt werden kann und die Ratschläge zu beherzigen, die die journalistischen Handbücher (z. B. Haller 1997) bereithalten.

4.12   Der Ablauf eines Interviews

Gehen wir für die Skizzierung eines Interview-Ablaufes davon aus, dass dieses bei einem Zeitzeugen zu Hause geführt wird. Nach der Begrüßung bespricht der Regisseur zusammen mit dem Protagonisten und dem Kameramann, wo das Interview geführt wird. In der Regel muss ein Kompromiss gefunden werden zwischen einem Ort, an dem der Protagonist sich wohl fühlt („Wo sitzen Sie am liebsten?"; „Welches ist Ihr Lieblingssessel?") und einer Position, an der Platz genug für die Kamera ist und der Kamerahintergrund dem optischen Konzept entspricht, bzw. in dieses Konzept integrierbar erscheint (Blickrichtung beachten! Welche Zeitzeugen sollen sich in ihren Aussagen aufeinander beziehen, sich also möglichst gegenseitig anschauen!). Nach diesen Absprachen folgt eine mindestens halbstündige Phase, in der Kameramann und Tontechniker mit dem Aufbau beschäftigt sind.

Für den Protagonisten ist diese Aufbauphase eine äußerst heikle Situation. Um dies deutlich zu machen, spricht die PR-Beraterin Viola Falkenberg den potentiellen Protagonisten direkt an: „Stress werden Sie haben, wenn die Aufnahmen in Ihren Räumen durchgeführt werden: Da werden Scheinwerfer und Kameras aufgestellt, Möbel verrückt, unverständliche Anweisungen gegeben, nicht nachvollziehbare Details diskutiert – und Sie fühlen sich so überflüssig, wie ein uneingeladener Gast auf einer fremden Party in einem unbekannten Land" (Falkenberg 1999, S. 210). Während Falkenberg einen Protagonisten also mental auf diese unangenehme Situation vorbereiten möchte, muss sich umgekehrt auch ein Regisseur der Gefühlslage seines Gesprächspartners bewusst sein und versuchen, die Situation entsprechend mildernd zu gestalten,

Der Dokumentarfilmer Thomas Schadt empfiehlt, mit dem Gesprächspartner in einen anderen Raum zu gehen, um sich dort gemeinsam und in Ruhe „auf das

Interview vorzubereiten" (Schadt 2012, S. 170). Doch diese Möglichkeit, hat andere Nachteile. So ist es dem Regisseur nicht möglich, das Bild, das der Kameramann einrichtet, zu kontrollieren. Auch besteht die Gefahr, dass in diesem Vorgespräch bereits das Interview beginnt, ohne dass die Kamera eingeschaltet ist. Thomas Schadt räumt ein, er habe im Vorgespräch schon oft wunderschöne Antworten erhalten, „die leider nicht dokumentiert wurden" (Schadt 2012, S. 170). Ein dritter Nachteil besteht darin, dass dem Protagonist die Möglichkeit genommen wird, Kameramann und Tontechniker kennenzulernen. Doch auch sie sind, wenn sie auch zuweilen hinter den aufgebauten Gerätschaften verschwinden, Teil der Intimitätsgemeinschaft.

Persönlich ziehe ich es daher vor, den Ort des Interviews nicht zu verlassen, sondern den Protagonisten in die notwendigerweise vor sich gehende Veränderung seines gewohnten Umfeldes aktiv einzubinden. Oft ist es den Protagonisten, die ja zugleich Gastgeber sind, viel lieber, die Möbel selber zu verrücken, oder dieses Verrücken zumindest zu beaufsichtigen und zu dirigieren, als dies von fremden Menschen geschehen zu lassen. Selbstredend ist dies zudem die einzige Möglichkeit für den Protagonisten, die Teammitglieder kennenzulernen und auch zu ihnen Vertrauen aufzubauen. Dies gilt übrigens auch umgekehrt: Je vertrauter Kameramann und Tontechniker mit dem Protagonisten sind, desto konzentrierter werden auch sie dem anschließenden Interview zuhören, was sich wiederum in der Intensität des aufgenommenen Bildes spiegeln wird. Zusätzliches Vertrauen entsteht, wenn man dem Protagonisten, sofern er dafür Interesse zeigt, erklärt, warum man die ganze Technik mitgebracht hat, warum zum Beispiel die Scheinwerfer aufgebaut werden (um ihn in ein „gutes Licht" zu setzen). Am Ende der Aufbauphase kann es beruhigend und vertrauensbildend sein, dem Zeitzeugen mithilfe eines mitgebrachten Monitors das fertig eingerichtete Interviewbild zu zeigen: So wird er später bei der Sendung zu sehen sein!

Dann beginnt das Interview. Von diesem Moment an sollte jeder Austausch von Fachbemerkungen zwischen Regisseur und Kamerateam unterbleiben, da dies einen „Interviewpartner, der nicht beruflich Interviews gibt, verwirren" und ihn aus der Konzentration reißen und die Aufnahmesituation bewusst machen würde (Eberhard Fechner zit. n. Netenjakob S. 153). Auch wenn die Interview-Passagen später im Schnitt in einer vollkommen anderen Reihenfolge als aufgenommen montiert werden können, gibt es eine ideale Interviewdramaturgie, die sich natürlich an der Dramaturgie des Filmes orientiert, an deren Anfang ein Kennenlernen steht, auf das dann ein gemeinsames Durchleben der „Heldenreise" folgt. (Es muss wohl kaum noch erwähnt werden, dass die „Oral History" eine vollkommen andere Vorstellung davon hat, wie ein Zeitzeugengespräch ablaufen sollte: ohne vorherige Festlegung und Meinung sollten die Interviewer in ein solches Gespräch gehen und den Berichtenden nicht mit Fragen in eine bestimmte Richtung drängen; vgl. dazu Schütze 1977).

Die größte Schwierigkeit besteht oft darin, möglichst früh im Interview die eigene Erwartungshaltung deutlich zu machen, z. B. wie detailliert man sich Antworten wünscht; dass man auch an kleinen Anekdoten, an scheinbar belanglosen Zwischenfällen und an Stimmungslagen interessiert ist. Bereits mit den ersten Fragen sollte man versuchen, einen Rhythmus zu etablieren, der dem Thema und der Erzählung entspricht. Manche Zeitzeugen sind wahre Plaudertaschen, die schnell die Frage aus dem Blick verlieren und von tausend anderen Dingen erzählen, die mit dem Thema gar nichts zu tun haben. Manche Zeitzeugen beginnen dagegen mit grob zusammenfassenden Aussagen, da sie sich nicht vorstellen können, dass auch Kleinigkeiten und Details für ihren Gesprächspartner interessant und für den Film von Bedeutung sein könnten. Oft kommt es vor, dass Zeitzeugen im Gespräch geradezu hektisch auf das zusteuern, was zu schildern sie am meisten fürchten. Sie ahnen oder wissen aus den Vorgesprächen, dass sie irgendwann gebeten werden, von ihrem traumatischen Erlebnis (im Krieg, während der Gefangenschaft, in Stasi-Haft etc.) zu berichten, und wollen diesen Part so schnell wie möglich hinter sich bringen. Es wirkt, als müssten sie sich von einem inneren Druck befreien. Meist ist die Gesprächsatmosphäre zu einem so frühen Zeitpunkt für tiefe Emotionen noch gar nicht aufnahmebereit; meist ist das gegenseitige Vertrauen noch nicht groß genug. Auf eine seltsam distanzierte Art und Weise bekommen Regisseur, Kameramann und Tontechniker dann ein Erlebnis dargeboten, das mehr Zeit, mehr Tiefe, mehr Zwischentöne und mehr gegenseitiges Vertrauen erfordert hätte. Die Erzählung zu unterbrechen und auf dem vorbereiteten Ablauf zu beharren, ist keine Option. Dadurch würde jegliches Vertrauen sofort zerstört. Die beste Lösung ist, die Erzählung in Ruhe abzuwarten und zu versuchen, so angemessen wie möglich darauf zu reagieren. Anschließend setzt meist eine Entspannung beim Zeitzeugen ein. Erst dann hat es Sinn, in die vorgenommene Interviewdramaturgie zurückzukehren und vorsichtig die Voraussetzungen dafür zu schaffen, noch einmal, zumeist zum Ende des Interviews, auf den emotionalen Kern eines Erlebnisses zu sprechen zu kommen und es in seiner Tiefe auszuloten.

Bei diesem emotionalen Kern wiederum müssen Regisseur, Kameramann und Tontechniker auf alles gefasst sein. Es kann passieren, dass ein gestandener, äußerlich abgebrüht wirkender Mann in Tränen ausbricht. Es ist möglich, dass die Gesichtszüge einer charmanten älteren Dame einfrieren und sie stumm wird. Es kann passieren, dass die Stimme eines Zeitzeugen bricht und leise, fast unhörbar wird. Es kann sein, dass er sich von der Kamera abwendet und aus dem Bild dreht. Und auch wenn all dies plötzlich passiert, scheinbar ohne Ankündigung, manchmal mitten im Satz, muss das Team vorbereitet und aufnahmebereit sein, denn dies ist der

Moment im Interview, wo es nicht mehr in erster Linie darauf ankommt *was*, sondern vielmehr, *wie* es gesagt wird. Es ist der Moment, wo die künstlich hergestellte
Interview-Situation ihre Künstlichkeit verliert und zur „Wirklichkeit" wird. Es ist
der Moment, wo die Vergangenheit nicht mehr vergangen ist.

Bei einem Interview berichtete mir eine Frau aus Dresden, wie sie im Mai 1945,
kurz nach dem Einmarsch der Roten Armee, von mehreren sowjetischen Soldaten
vergewaltigt worden war. Sie hatte sich in all den Jahrzehnten nur einem einzigen
Menschen offenbart, einem Arzt. Und nur indirekt, über dessen Reaktionen, war
sie in der Lage, von diesem Erlebnis zu berichten: „Na Mädchen, war es schlimm,
hat er mich gefragt".[31] Ihr verschlossenes Gesicht und die steife Haltung drückte in
diesem Moment mehr aus, als die wenigen, gestammelten Worte.

Bei einem Interview mit einem ostdeutschen Matrosen, der 1972 in Vietnam
einen US-amerikanischen Bombenangriff erlebt hat, war es das während des Ge-
sprächs in das Gesicht zurückkehrende Entsetzen, das den erlebten Schrecken am
deutlichsten abbildete.[32]

In solchen Situationen passieren die größten Fehler – sowohl in der Interview-,
als auch in der Bildführung. Der Regisseur muss in der Lage sein, die Emotion
auszuhalten. Er darf nicht aus Angst vor der Spannung und der Intimität mit einer
überhasteten neuen Frage die Situation auflösen. Er muss dem Zeitzeugen Zeit
lassen, sich in seiner eigenen Erinnerung zurechtzufinden und seine eigenen Worte
zu finden. Ebenso zurückhaltend sollte meines Erachtens auch der Kameramann
reagieren. Der kitschige Kamerazoom auf ein aufgelöstes Gesicht und tränende
Augen ist nicht nur pietät-, sondern auch wirkungslos und meist sogar kontrapro-
duktiv. Bei aller Intimität des Gespräches bleibt der Zeitzeuge ein dem Fernsehteam (und dem Publikum) fremder Mensch. Der Moment der größten Emotion ist
meist auch der Moment der größten Einsamkeit. In der Erzählung sucht der Zeitzeuge Erleichterung – keinen Trost. Und der Zuschauer möchte selbst entscheiden,
in welchem Maße er mitfühlen möchte; er sollte nicht voyeuristisch dazu gezwungen werden. Ein enger Bildausschnitt suggeriert meist falsche Nähe und provoziert
damit eine Abwehrhaltung beim Zuschauer. Ein offenes, totales Bild kann, gerade
wegen der hergestellten Distanz, den Zeitzeugen in diesem Moment der emotionalen Öffnung beschützen.

Freilich: nicht bei jedem Zeitzeugen ist das Erlebnis, auf das im Interview alles
zusteuert, so hochemotional oder gar traumatisch. Als Regisseur macht man immer

---

[31] „Leben in Trümmern, Dresden 1945", Regie: Jan N. Lorenzen, Hannes Schuler, Deutschland (MDR, Arte) 2005.

[32] „Unter Honeckers Flagge. Die MS-Halberstadt im Vietnam-Krieg", Regie: Jan N. Lorenzen, Deutschland (RBB) 2014.

wieder die Erfahrung, dass ein und dasselbe Ereignis bei verschiedenen Menschen vollkommen unterschiedliche Erinnerungsspuren hinterlässt. Was den einen Zeitzeugen vollkommen aus der Bahn wirft und sein ganzes Leben verändert, bleibt auf einen anderen fast ohne Wirkung. Es gibt Menschen, die auf heftigste Störungen ihres normalen Alltags mit bewundernswerter Resilienz reagieren, die furchtbarste Erlebnisse, scheinbar mühelos verarbeiten und in ihre Erinnerungen integrieren können und die Jahrzehnte später ebenso freimütig und entspannt davon erzählen.

Eine rein technische Beschränkung muss der Regisseur während des Gespräches unbedingt beachten: Auch wenn die Aufzeichnungsmedien mittlerweile lange Laufzeiten haben, darf eine entscheidende Frage nicht gestellt werden, wenn Gefahr besteht, dass im nächsten Moment das Interview unterbrochen werden muss, um eine Festplatte, eine Speicherkarte, oder eine Kassette zu wechseln. Jede Unterbrechung bedeutet auch eine Unterbrechung der Konzentration. Die Kunst des Regisseurs ist es, das Interview so zu führen, dass diese Unterbrechungen als willkommene Pausen und Entspannungsphasen wahrgenommen werden und nicht als Störungen. Tritt eine Unterbrechung in einem sehr emotionalen oder konzentrierten Moment des Interviews auf, kann es vorkommen, dass die Protagonisten die Störung nicht bemerken und den eigenen Redefluss auch nicht unterbrechen. Während im Hintergrund der Kameramann hektisch die Speicherkarte wechselt, geht die Erzählung vor der Kamera weiter. Eine Wiederholung einer auf diese Art und Weise der Aufzeichnung entgangenen Aussage ist fast nie möglich. Hilfreich kann es sein, mit dem Kameramann ein Zeichen auszumachen, zum Beispiel ein leichtes Tippen auf die Schulter, mit dem dieser zum Beispiel 5 oder 10 min Restzeit signalisiert. Lieber das Aufzeichnungsmedium etwas zu früh wechseln, als zu spät!

Bereits im Vorfeld sollte man sich zudem überlegt haben, ob und wann im Interview man auf private Fotos, Tagebücher oder ähnliches zurückgreifen möchte. Derartige Erinnerungsstützen können einerseits extrem helfen, den Erinnerungsmonolog anzustoßen; auf der anderen Seite können sie einen Bruch im Interview hervorrufen, wenn der Protagonist dafür aufstehen und diese erst heraussuchen muss. Auch stellen sie den Kameramann unvorbereitet vor gewaltige Probleme, weil die Wahl des Objektives und die Ausleuchtung des Interviews ein Agieren des Protagonisten vor der Kamera nicht immer zulässt, ohne dass dieser aus dem Bild fällt, das Bild entweder überstrahlt oder schattig oder sogar unscharf wird: Unter Umständen steht man ohne verwertbares Bild da. Ich habe mir angewöhnt, während des Aufbaus des Interviews nach Fotos und Tagebüchern zu fragen, sie für das eigentliche Interview beiseite zu legen und mit dem Kameramann zu besprechen, wann es am besten wäre, diese Erinnerungsstützen in das Interview mit einzubeziehen.

4.13   Nach dem Interview, oder: Die Verantwortung des Filmemachers gegenüber den Zeitzeugen – und ihre Grenzen

Man kann die Ausführungen über das Zeitzeugeninterview nicht abschließen, ohne auf die Verantwortung des Filmemachers einzugehen. Und diese Verantwortung beginnt mit dem Ende des Interviews. Wieder ist es die PR-Beraterin Viola Falkenberg die die Protagonisten in ihrem Ratgeber eindringlich vor den Fernsehteams warnt: „Genauso plötzlich fühlen Sie sich wieder überflüssig – Kabel werden eingerollt, Scheinwerfer abgebaut, Dekorationsmaterial wieder herausgetragen – und Sie landen wieder in Ihren eigenen Räumen. Will ein Sender ein fünfminütiges Interview mit Ihnen machen, kostet Sie das oft einen halben Tag. Gesendet wird am Ende dann oft nur ein Ausschnitt von wenigen Sekunden" (Falkenberg 1999, S. 210). Auch Thomas Schadt beklagt völlig zu Recht, es sei „eine verbreitete Unsitte, dass Regisseur und Team sich eiligst erheben, noch schneller ihre Siebensachen einpacken, um im gleichen Atemzug mit einem flüchtigen Händedruck zu verschwinden" (Schadt 2012, S. 173). Je emotionaler ein Interview, desto problematischer erscheint diese Hast zum nächsten Termin, zur nächsten Verabredung, unter dem scheinbaren Diktat des Drehplanes. Oder ist es in Wahrheit eine Flucht des Kamerateams vor der selbst erzeugten, aber nur durch die Interview-Situation gerechtfertigten Intimität? Viola Falkenberg rät ihren Klienten jedenfalls eindringlich davon ab, sich überhaupt auf ein Interview einzulassen: „Sie (die Journalisten – J.L.) sind Profis im Zuhören. Wie Therapeuten ihren Klienten helfen sie ihren Informanten, Dinge zu benennen, die ihnen noch nicht klar waren – nur dass gute Therapeuten dies tun, um den Klienten zu helfen, Journalisten tun dies meist, um sich selbst zu helfen" (Falkenberg 1999, S. 50).

Deutlicher kann man es kaum sagen, nur konkreter: Während ein Regisseur „glücklich" ist, weil ein Protagonist sich ihm gegenüber vollkommen geöffnet und entblößt hat, bereut eben dieser Zeitzeuge möglicherweise kurze Zeit später seine eigene Offenheit. Die im Gespräch erzeugte Intimität ist, ohne jeden Zweifel, eine Illusion; die Kamera wird dafür sorgen, dass sie kurze Zeit später, wenn das „nette" Fernsehteam längst abgereist ist, unwiderruflich in ihr Gegenteil verkehrt wird. Während viele, von Wissenschaftlern im Zuge der „Oral History" befragte Zeitzeugen unter Wahrung ihrer Anonymität berichten und in den späteren wissenschaftlichen Publikationen nicht mehr identifiziert werden können, setzt sich der vor der Kamera sprechende Zeitzeuge unweigerlich dem Urteil der Öffentlichkeit aus. Meist noch am Abend der Sendung werden bei ihm die Telefone klingeln. Freunde, Verwandte, Arbeitskollegen, Nachbarn werden sich melden und die Ausführungen kommentieren.

Für Schadt ergibt sich aus dieser Erkenntnis folgender Grundsatz „Die Würde meiner Protagonisten ist unantastbar, und zwar auch dann, wenn sie andere Ansichten vertreten, als ich und ich ihnen deshalb kritisch gegenüberstehe" (Schadt 2012, S. 202). Die meisten Regisseure, Autoren, Redakteure, und Produzenten werden zustimmend nicken, und als grundsätzliche Richtschnur mag Schadts Begriff der Würde angemessen sein, doch interessanterweise werden bei diesem Grundsatz Ausnahmen zugelassen. Nicht alle können den Anspruch stellen, vom Filmemacher geschützt zu werden. Die Ausnahmen betreffen KZ-Aufseher, Nazi-Kollaborateure, Stasi-Offiziere, Diktatoren, Terroristen – also alle nicht geläuterten Schwerst-Täter. Dazu ein Beispiel: In der epochalen Dokumentation „Der Prozess" ist es Eberhard Fechner gelungen, einige der Angeklagten des Majdanek-Prozesses zum Reden zu bewegen, obwohl diese im Prozess selbst eisern schwiegen. Er habe ihnen klargemacht, dass er sie nicht überführen wolle, so erklärte Eberhard Fechner später die Bereitschaft der ehemaligen KZ-Wächter, und sei so zu ihrem „Beichtvater" geworden. Vor allem auf die Gesprächsdauer führt er zurück, dass die Interviewpartner über das, was sie sagen, die Kontrolle verlieren. „Jeder Mensch, selbst wenn er lügt – und das tun natürlich Angeklagte -, je länger er redet, desto größer ist die Gefahr, dass er sich verplappert" (zit. n. Netenjakob 1989, S. 162 f.). Es darf davon ausgegangen werden, dass diese von Fechner angewandte Technik auch bei anderen Interviewfilmen mit „Tätern" zum Einsatz kam. Bedeutet dies im Klartext, dass wir die wichtigsten Filme über das Selbstverständnis von NS- und Stasi-Tätern einem eklatanten Verstoß gegen die in den Lehrbüchern proklamierten dokumentarischen Grundsätze zu verdanken haben?

Ich glaube dies nicht. Der Regisseur darf den Protagonisten nicht verfälschen; er darf die Aussagen nicht manipulieren; er sollte, wenn ein Zeitzeuge nach dem Interview darum bittet, bestimmte Teile nicht zu verwenden, diesen Wunsch wenn möglich respektieren (Viola Falkenberg weist darauf hin, dass jeder Interviewte, sollte er vor laufender Kamera die Fassung verlieren, das Senden des entsprechenden Ausschnitts untersagen kann (Falkenberg 1999, S. 26); und er sollte selbstverständlich die vor dem Interview mündlich oder schriftlich gemachten Zusagen einhalten. (Bei „Der Prozeß" war den Beteiligten zum Beispiel versprochen worden, dass der Film erst gesendet wird, nachdem die Urteile rechtskräftig geworden wären, d. h. nach der Entscheidung des Bundesgerichtshofs über die Revisionsanträge. Eine Zusage, die Fechner selbstverständlich eingehalten hat.) Doch vor einem kann den *erwachsenen* Protagonisten niemand schützen: vor sich selber. Bei aller Verantwortung des Filmemachers: es bleibt die Eigenverantwortung desjenigen, der sich vor die Kamera begibt, zu entscheiden, was er von sich preisgibt – und was besser nicht. Meiner Erfahrung nach haben sich die Zeitzeugen alle, fast ohne Ausnahme, die Mitwirkung gut überlegt und sind sich über die möglichen Konsequenzen im Klaren. „Wenn jemand von seiner Reise ohne etwas zurückkehrt, was er mit anderen teilen könnte, ist er kein Held, sondern ein selbstsüchtiger Schuft, der nichts gelernt hat. Er ist nicht über sich hinausgewachsen", schreibt Christopher Vogler. Wir kehren zurück zum Ausgangspunkt des Kapitels, der Heldenreise als dramaturgischer Form: „Die Rückkehr mit dem Elixier ist die letzte Probe, die der Held zu bestehen hat; hier kann er beweisen, ob er die nötige Reife besitzt, die Früchte seines Strebens wirklich zu genießen" (Vogler 1998, S. 372). Ja, der Regisseur fungiert als Beichtvater oder als Psychotherapeut – aber auch als jemand, der dem Protagonisten die Gelegenheit gibt, sich zu rechtfertigen; der eine Plattform bereitstellt, um die eigene Erkenntnis zu verbreiten; der es möglich macht, das Elixier nach Hause zu bringen und „mit den anderen zu teilen" (Vogler 1998, S. 361). So, wie der Filmemacher den Zeitzeugen braucht, um eine gute Geschichte erzählen zu können, so braucht auch der Zeitzeuge den Regisseur. Vielleicht ist dies der Grund, warum es, wenn die oben genannten Verhaltensregeln von Seiten des Regisseurs eingehalten werden, nur sehr selten zu wirklichen Konflikten kommt.

Literatur

Aleida Assmann: Erinnerungsräume. Formen und Wandlungen des kulturellen Gedächtnisses, München 1999 (Assmann 1999).

Thomas Balkenhol: Pflicht und Kür bei der Dokumentarfilm-Montage, in: Hans Beller (Hrsg.): Handbuch der Filmmontage, 3. durchgesehene Auflage, München 1999 (Balkenhol 1999).

Götz Bergander: Dresden im Luftkrieg. Vorgeschichte, Zerstörung, Folgen, Weimar u.a. 1994 (Bergander 1994).

Joseph Campbell: The hero with a thousand faces, New York 1949 (Campbell 1949).

Viola Falkenberg: Interviews meistern. Ein Ratgeber für Führungskräfte, Öffentlichkeitsarbeiter und Medien-Laien, Frankfurt am Main 1999 (Falkenberg 1999).

FAZ-Online: „Kershaw: Hitler-Film „ein grandioses Drama", 16.09.2004 (FAZ-Online 2004).

Thomas Fischer: Geschichte als Ereignis. Das Format Zeitgeschichte im Fernsehen, in: Fabio Crivellari et al. (Hrsg.): Die Medien der Geschichte. Historizität und Medialität in interdisziplinärer Perspektive, Konstanz 2004, S. 511–529 (Fischer 2004).

Thomas Fischer: Erinnern und Erzählen – Zeitzeugen im Geschichts-TV, in: Thomas Fischer und Rainer Wirtz (Hrsg.): Alles authentisch? Popularisierung der Geschichte im Fernsehen, Konstanz 2008, S. 33–49. (Fischer 2008).

Detlef Friedrich: Der gute Bösmensch, in Berliner Zeitung, 08. März 1998 (Friedrich 1998).

Michael Haller: Das Interview. Ein Handbuch für Journalisten, 2. überarbeitete Auflage, Konstanz 1997.

Horst Gies: Emotionalität versus Rationalität?, in: Bernd Mütter, Uwe Uffelmann (Hg.): Emotionen und historisches Lernen, Frankfurt am Main 1994, S. 27–40 (Gies 1994).

Hannes Heer (im Interview mit Sebastian Hille): Die Aufklärungsverweigerer, in: Das Parlament, 11.9.2006, S. 16 (Heer 2006).

Hans-Jürgen Jakobs: „Die Clip-Schule vom Lerchenberg", in: Der Spiegel 46 vom 15.November 1999, S. 136–138.

Sven Felix Kellerhoff: „Die deutschen Historiker sahen "Der Untergang"", in Die Welt, 17.09.2004 (Kellerhoff 2004).

René König (Hrsg): Das Fischer-Lexikon Soziologie, Frankfurt am Main 1967

Erwin Leiser: Dokumentarfilm und Geschichte, in: Peter Zimmermann (Hrsg.): Fernseh-Dokumentarismus: Bilanz und Perspektiven. München1992, S. 37–47 (Leiser 1992).

Thomas Lutz: Zwischen Vermittlungsanspruch und emotionaler Wahrnehmung. Die Gestaltung neuer Dauerausstellungen in Gedenkstätten für NS-Opfer in Deutschland und deren Bildungsanspruch, Diss. TU Berlin 2009 (Lutz 2009).

Holger Möhlmann: Der Zeitzeuge im deutschen TV-Journalismus, in: Fachjournalist 4/2010, S. 17–21 (Möhlmann 2010).

Bernd Mütter, Uwe Uffelmann: Einleitung: Emotionen – eine neue Debatte der Geschichtsdidaktik, in: Bernd Mütter, Uwe Uffelmann (Hg.): Emotionen und historisches Lernen, Frankfurt am Main 1994, S. 11–16 (Mütter/ Uffelmann 1994).

Oliver Näpel: Historisches Lernen durch ‚Dokutainment'?" – Chancen und Grenzen einer neuen Ästhetik populärer Geschichtsdokumentationen, in: Zeitschrift für Geschichtsdidaktik 2, Göttingen 2003 (Näpel 2003).

Egon Netenjakob: Eberhard Fechner. Lebensläufe dieses Jahrhunderts im Film, Weinheim und Berlin 1989 (Netenjakob 1989).

Lutz Niethammer (Hg.): Die Jahre weiß man nicht, wo man die hinsetzen soll. Faschismuserfahrungen im Ruhrgebiet, Band 1, Berlin und Bonn 1983 (Niethammer 1983).

Martin Sabrow: Der Zeitzeuge als Wanderer zwischen zwei Welten, in: Martin Sabrow und Norbert Frei (Hrsg.): Die Geburt des Zeitzeugen nach 1945, Göttingen 2012, S. 13–32 (Sabrow 2012).

Thomas Schadt: Das Gefühl des Augenblicks. Zur Dramaturgie des Dokumentarfilms, Konstanz 2012 (Schadt 2012).

Fritz Schütze: Die Technik des narrativen Interviews in Interaktionsfeldstudien. Bielefeld 1977 (Schütze 1977)

Robert C. Solomon: Emotionen und Anthropologie: Die Logik emotionaler Weltbilder, in: Gerd Kahle (Hg.): Logik des Herzens. Die soziale Dimension der Gefühle, Frankfurt am Main 1981, S. 233-354 (Solomon 1981).

Andres Veiel: Aussage auf dem Panel „Den dramaturgischen Bogen spannen", 30.04.2014, zit.n. http://netzwerkrecherche.org/wordpress/weitblick13werkstatt/2014/04/30/den-dramaturgischen-bogen-spannen/; abgerufen am 18.03.2015 (Veiel 2014).

Christopher Vogler: Die Odyssee des Drehbuchschreibers. Über die mythologischen Grundmuster des amerikanischen Erfolgskinos, Frankfurt am Main 1998 (Vogler 1998).

Hans-Georg Wehling: Konsens à la Beutelsbach?; in: Siegfried Schiele/ Herbert Schneider (Hrsg.): Das Konsensproblem in der politischen Bildung, Stuttgart 1977, S. 179–180 (Wehling 1977).

Wim Wenders: That's Entertainment: Hitler, in Die Zeit, 12. August 1977 (Wenders 1977).

Filmografie

„14– Tagebücher des Ersten Weltkriegs", „Aghet – Ein Völkermord", Buch und Regie: Eric Fiedler, Deutschland (NDR) 2010. Buch und Regie: Jan Peter, Yury Winterberg, Deutschland (SWR, NDR, WDR, ARTE, ORF) 2014.

„Alltag einer Behörde – Das Ministerium für Staatssicherheit", Regie: Christian Klemke, Jan N. Lorenzen, Deutschland (MDR/ARTE) 2001.

„Barluschke – Psychogramm eines Spions", Regie: Thomas Heise, Deutschland 1997.

„Black Box BRD", Regie Andres Veiel, Deutschland 2001.

„Der Bombenkrieg", Teil 1: „Angriff", Teil 2: „Gegenschlag", Teil 3: „Untergang", Deutschland (ARD, NDR) 2004.

„Der Jahrhundertkrieg: Das eiserne Grab", Regie: Jens Afflerbach, Christian Deick; Leitung: Guido Knopp, Deutschland (ZDF) 2002

„Der Prozess", Regie Eberhard Fechner, 3 Teile, Deutschland (NDR) 1984.

„Der Turm – die Dokumentation", Regie: Jan N. Lorenzen, Deutschland (ARD, MDR) 2012.

„Der Untergang", Buch: Bernd Eichinger, Regie: Oliver Hirschbiegel, Deutschland 2004; „Im toten Winkel", Regie André Heller und Othmar Schmiderer, Österreich 2002.

„Die große Flucht", 5 Teile, Leitung Guido Knopp, Deutschland (ZDF) 2001.

„Die großen Schlachten", Regie: Hannes Schuler, Anne Roehrkohl, Jan N. Lorenzen, 4 Teile, Deutschland (MDR, WDR, HR, SR, ARTE) 2006.

„Geheimsache Mauer", Regie: Christoph Weinert, Jürgen Ast, Deutschland (RBB, MDR, ARTE) 2011.

„Helden ohne Heimat – Kriegsheimkehrer nach 1945", Regie: Heike Römer-Menschel, Deutschland (MDR, ARTE) 2009.

„Hitler – Eine Karriere", Regie: Joachim Fest, Christian Herrendoerfer, Deutschland 1977.

„Leben in Trümmern, Dresden 1945", Regie: Jan N. Lorenzen, Hannes Schuler, Deutschland (MDR, Arte) 2005.

„Material", Regie: Thomas Heise, Deutschland 1988–2009.

„Mein Kampf (Den Blodiga tiden)", Regie: Erwin Leiser, Schweden 1960.

„Operation Donnerschlag", Regie Matthias Koch, Deutschland (ARD, MDR) 1995.

„Roter Stern über Deutschland", Regie: Christian Klemke, 3 Teile, Deutschland (ARD, ORB) 2000.

„Soldaten hinter Stacheldraht", Teil1: „Im Osten", Buch und Regie: Dirk Pohlmann, Teil 2: „Im Westen", Buch und Regie: Thomas Kuschel, Teil 3: „Die Heimkehr", Buch und Regie: Meinhard Prill, Deutschland (MDR, NDR) 2000.

„Stalingrad", Regie: Christian Klemke, Deutschland (ARD, ORB) 2002.

„The Fog of War: Eleven Lessons from the Life of Robert S. McNamara", Regie: Errol Morris, USA 2003.

„Unter Honeckers Flagge. Die MS-Halberstadt im Vietnam-Krieg", Regie: Jan N. Lorenzen, Deutschland (RBB) 2014.

„Vaterlandsverräter", Regie: Annekatrin Hendel, Deutschland 2011.

Archivmaterial   5

5.1 Die Bedeutung des Archivmaterials

Archivmaterial ist nach den Zeitzeugeninterviews die zweite wichtige Bildebene historischer Dokumentationen. Archivmaterial funktioniere wie eine „wunderbare Zeitmaschine", schreibt Beate Schlanstein, Redakteurin beim WDR: „denn es transportiert den Betrachter auf einen Schlag in die Gegenwart einer vergangenen Epoche" (Schlanstein 2008, S. 209). Im selben Maße wie der Zugang zu Zeitzeugen kann der Zugriff auf exklusives Archivmaterial darüber entscheiden, ob ein Thema von einer Redaktion aufgegriffen wird oder nicht. Einige zeitgeschichtliche Redaktionen, etwa bei „Spiegel TV" und im ZDF, haben sogar über Jahre systematisch nach neuem Archivmaterial gesucht, vor allem in US-Archiven und zum Zweiten Weltkrieg, um mit diesem Material zuerst Presse- und dann Zuschauerinteresse zu generieren.[1] Auch in der ARD beschäftigen einige Redaktionen Mitarbeiter, die sich fast ausschließlich mit der Recherche von Archivmaterial und der damit zusammenhängenden Rechteklärung beschäftigen und den Autoren oder Regisseuren von historischen Dokumentationen an die Seite gestellt werden.

Obwohl die Berechtigung, Archivmaterial zu verwenden, grundsätzlich nicht in Frage gestellt wird, stellen sich im Konkreten dennoch eine Reihe von Fragen, die fast ausschließlich das Problem der sogenannten Authentizität des Materials thematisieren. Erst das Archivmaterial verleiht den geschilderten Vorgängen Glaubwürdigkeit und löst das „Authentizitätsversprechen" der historischen Dokumentation ein. Stärker noch als Zeitzeugen, die lediglich ihre persönlichen Erlebnisse darbieten, die vom Zuschauer entweder als nachvollziehbar oder als unglaubwürdig eingestuft werden können, fungiert Archivmaterial als Beglaubigungsinstanz des

---

[1] Nur stellvertretend sei genannt: „Welche Farbe hat der Krieg – Deutschland 1945", Regie: Michael Kloft, Deutschland (Spiegel TV) 1995.

© Springer Fachmedien Wiesbaden 2015
J. N. Lorenzen, *Zeitgeschichte im Fernsehen,* Praxiswissen Medien,
DOI 10.1007/978-3-658-09944-2_5   81

Gezeigten. Keine noch so überzeugende Zeugenaussage ist in ihrer Beweiskraft so stark, wie ein Bild des Vorganges. Die brennende „Hindenburg" in Lakehurst 1937, die Leichenberge in Buchenwald 1945, die Mondlandung 1969, das Attentat vom 11. September 2001 – die Bilder „beweisen": all dies hat wirklich stattgefunden. Ereignisse, für die es einen starken, glaubwürdigen Bildbeweis gibt, können nicht mehr abgestritten werden. Ernsthaft debattiert werden kann nur noch darüber, wie sie zu deuten sind. Fehlt Archivmaterial jedoch, wird dies als Leerstelle empfunden, die mühsam, zum Beispiel über den Text erklärt („Bilder von den Vorgängen gibt es nicht"), über das Zeigen anderer historischer Dokumente oder den Neudreh am Originalschauplatz (siehe dazu Kap. 7) ausgeglichen werden muss. Nur in historischen Dokumentationen oder historischen Dokumentarfilmen, die bewusst auf Archivmaterial verzichten, wie etwa Claude Lanzmanns „Shoah" oder Inga Wolframs „Wir Kommunistenkinder", kommen andere Authentifizierungsstrategien zum Einsatz.[2] Manche Autoren behaupten, Dokumentarfilme wie „Shoah" hätten mit ihrem Verzicht auf Archivmaterial gezeigt, dass Zeitzeugen wichtiger für das Authentizitätsempfinden des Publikums geworden sind, dem Archivmaterial quasi den Rang abgelaufen haben (Adelmann und Keilbach 2000, S. 145). Ich halte die Argumentation jedoch für zu kurz gegriffen. Zeitzeugen bezeugen lediglich ihre persönlich erlebte Geschichte, Archivmaterial jedoch bezeugt den Vorgang an sich (vgl. Kap. 4 und Hißnauer 2011, S. 117–137).

Die Authentizität, die Archivmaterial hervorruft, die Glaubwürdigkeit, die es beim Zuschauer evoziert, fordert jedoch im Umkehrschluss vom Regisseur einer historischen Dokumentation die Beachtung von Verwendungskriterien und sie stellt ihn vor eine Reihe von Problemen. Denn Archivmaterial ist für ihn nicht nur eine historische Quelle, die Vorgänge belegt, sondern er nutzt das historische Material auch als veranschaulichendes, emotionalisierendes, dramatisierendes und rhythmisierendes Element. Bevor also im Detail auf Recherchewege, Einsatzmöglichkeiten und Verwendungstechniken eingegangen werden kann, müssen die damit verbundenen Abwägungsfragen und Konflikte diskutiert werden. Die Probleme beginnen bei Material, das gar nicht dokumentarisch gedreht wurde, sich aber in das Dokumentarmaterial quasi eingeschlichen hat, es setzt sich fort bei Aufnahmen, die mit einem bestimmten propagandistischen Zweck erstellt wurden und nun dokumentarische Authentizität behaupten, es setzt sich weiter fort bei Bildern, die zwar dokumentarisch sind, aber entkontextualisiert verwendet werden und es endet bei Material, dass künstlich erstellt wurde, um wie Archivmaterial zu wirken und damit die Grenze zum sogenannten Re-enactment überschreitet.

---

[2] „Wir Kommunistenkinder", Regie: Inga Wolfram, Deutschland (WDR, MDR) 1996.

5.2 Alles authentisch?

Seit langem ist bekannt, dass sich einige Einstellungen aus der Verfilmung von „Im Westen nichts Neues"[3] später in zahlreichen Kompilationsfilmen über den Ersten Weltkrieg wiederfanden, wo sie offenbar „ohne Angabe der Quelle authentisch wirken", wie der Sozialwissenschaftler Robert Schändlinger feststellt (Schändlinger 1998, S. 116). Bei den Recherchen zum Mehrteiler „Der Erste Weltkrieg"[4], einer Gemeinschaftsproduktion von WDR und SWR, stellte sich heraus, dass auch ein großer Teil der bis dahin als authentisch angenommenen Schlachtenbilder in Wirklichkeit im Berliner Grunewald entstanden waren, weil es mit der damaligen Kameratechnik kaum möglich war, bis in die vorderste Front vorzudringen und dort brauchbare Bilder zu erstellen. Das jedenfalls berichtet die für die Sendereihe zuständige Redakteurin Beate Schlanstein vom WDR. Die nachgestellten Szenen seien zudem mit „augenscheinlich authentischen Bildern jeweils zu einer schlüssigen Erzählsequenz zusammengeschnitten" worden, so dass es kaum noch möglich war, „echte" von „unechten" Archivbildern zu unterscheiden. Schlanstein wirft die Frage auf, wie mit einer solchen Erkenntnis umgegangen werden solle: „Verwirft man das solcherart als ‚propagandistische Fälschung' entlarvte Material? Kennzeichnet man es? Nimmt man die Information über die Entstehung quasi als erzählte Fußnote in den Filmtext mit auf?" (Schlanstein 2008, S. 223). Die Filmemacher um die Redakteurin Schlanstein haben sich, offensichtlich in Abstimmung mit ihrem Fachberater, dafür entschieden, die Sequenzen wie „echtes Filmmaterial" zu verwenden – doch ein leichtes Unbehagen ist geblieben.

Vor ähnliche Probleme stellen einen Teile des Filmmaterials aus dem Zweiten Weltkrieg. Wie selbstverständlich werden bei Rückblicken auf den Zweiten Weltkrieg auch sowjetische Archivbilder über den Endkampf um Berlin im April 1945 benutzt. Tatsächlich sind die meisten Bilder jedoch erst nach dem Ende der Kampfhandlungen entstanden, als die Frontberichterstatter und Filmregisseure die militärischen Einheiten nach ihren Wünschen dirigieren konnten – und dies auch ausgiebig taten. Zu erkennen ist dies an einigen erhaltenen Schnittresten, deren Anfang und Ende die Inszenierung erkennen lassen. Zum Teil torkeln von den Siegesfeiern trunkene Soldaten vor die Linse des Kameramannes; zum Teil ist zu erkennen, wie nach fertig abgedrehten Kampfszenen deutsche Passanten schnell vorbei gewunken werden.[5] Wieder stellt sich die Frage, ob die Bilder – damit streng genommen

---

[3] „Im Westen nichts Neues (All Quiet on the Western Front)", Regie: Lewis Milestone, USA 1930.
[4] „Der Erste Weltkrieg", Deutschland (ARD, WDR, SWR) 2004.
[5] Schnittreste z. B. im Archiv von Trion-Film, Berlin.

als Fälschung entlarvt – eigentlich konsequent aussortiert werden müssten. Wieder zeigt sich, dass es rein praktisch kaum möglich ist, alle auf diese Weise entstandenen Bilder zu identifizieren und von den authentischen Einstellungen zu trennen. Und wieder muss konstatiert werden, dass sich ein ähnlich pragmatisches Vorgehen eingebürgert hat, wie es Beate Schlanstein für die Schlachtenbilder des Ersten Weltkrieges beschrieben hat.

Noch prekärer wird es, wenn einzelne Bilder zeitnah nachgestellt wurden, um das vorhandene Archivmaterial zu dramatisieren; so vermutlich geschehen bei einer Einstellung, die bis heute durch die Rückblicke auf den Ungarn-Aufstand 1956 geistert. Während die erkennbar und verbürgt dokumentarisch eingefangenen Bilder den Demonstrationszug der Einwohner Budapests am 23. Oktober 1956 in der Totalen zeigen, ist diese eine Einstellung halbnah gedreht. Während auf den in der Totalen gedrehten Bildern zu erkennen ist, wie einige Demonstranten ungarische Fahnen bei sich führen, bei denen anstelle des kommunistischen Wappens nur noch ein rundes Loch klafft, zeigt diese eine Einstellung das Heraustrennen des Wappens aus einer solchen Fahne als aktiven Vorgang. Demonstrativ lachen die Demonstranten dabei in die Kamera. Schon weil Zoomobjektive damals in der Wochenschau-Berichterstattung noch nicht üblich waren und ein Objektivwechsel mit großem Aufwand verbunden war, ist die Veränderung der Einstellungsgröße mit großem Misstrauen zu betrachten. Noch verdächtiger ist, dass die fragliche Einstellung in den ungarischen Filmarchiven, im Gegensatz zu den anderen Archivbildern des ungarischen Aufstands, nicht aufzufinden ist.[6]

Im Vergleich zu den modernen Manipulationsmöglichkeiten muten diese Beispiele freilich harmlos an. Was heutzutage technisch möglich ist, hat die Produktion „Die Verschwörung – Das Attentat vom 20. Juli 1944" gezeigt, die 2004 von Discovery Channel in Zusammenarbeit mit der Computerfirma Hewlett Packard hergestellt wurde: Schauspieler spielen in dieser als „Doku-Fiction" bezeichneten Produktion unter anderem das Attentat auf Adolf Hitler nach. Digital wurden ihnen nachträglich die entsprechenden Gesichter von Hitler und Stauffenberg, von Churchill und Stalin eingesetzt. Eine verwackelte Kameraführung und computergenerierte Alterungsspuren sollten zusätzlich erschweren, die neu entstandenen Szenen von „echtem" Archivmaterial zu unterscheiden.[7] Zur Ehrenrettung der Filmemacher um Regisseur David McNab muss freilich gesagt werden, dass sie ihre Methode, „Archivmaterial" neu herzustellen, vollkommen offen legten, das

---

[6] Verwendung fand die Einstellung z. B. in dem Film: „Mit dem Mute der Verzweiflung", Regie: Guido Knopp, Deutschland (ZDF) 1996.

[7] „Die Verschwörung – Das Attentat vom 20. Juli 1944 (Virtuell History: The Secret Plot to Kill Hitler)", Regie David McNab, USA (Discovery Channel) 2004.

Projekt als Experiment deklarierten und zur Diskussion stellten. Die Kritik war trotzdem vernichtend: „Roosevelt kippt aus dem Rollstuhl und liegt röchelnd am Boden; Churchill liegt den ganzen Tag im Bett und geht um ein Uhr mittags, nur mit einem Handtuch um die Hüften, ins Bad; Stalin nimmt seine kokett lachende Haushälterin auf den Schoß, und Hitler schließt genüsslich die Augen, während sein Leibarzt Morell ihm eine Spritze setzt," amüsierte sich damals Nils Minkmar in der FAZ (Minkmar 2004). Sven Felix Kellerhoff hatte weniger Sinn für Humor: „Morgen Abend stirbt die seriöse zeithistorische Dokumentation", polemisierte er in der Programmankündigung zur deutschen Erstausstrahlung auf RTL2 in „Die Welt": „Die Grenze zur Manipulation wird hier nicht mehr nur touchiert, sie wird überschritten" (Kellerhoff 2005). Auch wenn viele Filmemacher und Kritiker diese Meinung teilen – worin genau der Unterschied im Wahrheitswert zwischen den im Berliner Grunewald hergestellten Schlachtenbildern des Ersten Weltkriegs und den in einem Computer erstellten Bildern besteht, bleibt schwer zu benennen.

Die Beispiele sollen deutlich machen: So leicht es auf den ersten Blick scheint, so schwer ist es im Konkreten, eine klare Grenze zwischen „authentischen" und „gefälschten" Archivbildern zu ziehen. Einen verbindlichen Standard gibt es nicht. Re-enactments, die sich als solche zu erkennen geben, können leicht wieder ausgesondert werden; szenische Rekonstruktionen, die so gut gemacht sind, dass sie vom echten Archivbild kaum zu unterscheiden sind, haben dagegen oft ein langes Leben. Kein Regisseur, und wenn er noch so sorgsam arbeitet, ist gefeit davor, auf Material dieser Art „hereinzufallen"; nur ein misstrauischer Blick, eine möglichst genaue Kenntnis der Entstehungszusammenhänge des Materials, idealerweise der Rückgriff auf die originalen Filmrollen, können die Gefahr weitgehend bannen – und „selbst die sorgfältigste Analyse wird oft vor den Ambivalenzen des Materials haltmachen müssen" (Beyerle und Brinckmann 1991, S. 13–14).

5.3 Archivmaterial und seine (Ent-)Kontextualisierung

Die zweite große Schwierigkeit im Umgang mit Archivbildern ist die Entkontextualisierung, die dem Material entweder bereits geschehen ist, bevor der Autor einer historischen Dokumentation mit ihm in Kontakt kommt, oder die der Regisseur der erzählerischen oder emotionalen Wirkung wegen selber und ganz bewusst vornimmt, ohne in der Lage oder willens zu sein, die Zuschauer vollständig aufzuklären: Diese Entkontextualisierung kann sowohl den Ort, die Zeit, als auch den Inhalt der Bilder betreffen. Zeigen die Bilder wirklich das, was sie vorgeben, fragen die Kritiker, und zuweilen fragen sie dies mit Recht!

Zunächst muss festgehalten werden, dass es Bilder gibt, die eine symbolische Bedeutung und ikonographische Wirkung erlangt haben, die sich vom konkreten Entstehungszusammenhang längst gelöst hat. Ein Beispiel ist der „immergleiche Junge" aus dem Warschauer Ghetto, der zum Symbol des nationalsozialistischen Terrors überhaupt geworden ist und dafür herhalten muss, die „elenden Lebensbedingungen in allen nur denkbaren Ghettos zu illustrieren", wie Beate Schlanstein beklagt (Schlanstein 2008, S. 211). Ein anderes Beispiel ist das „Napalm-Mädchen", das zum Symbol des Schreckens des Vietnamkrieges geworden ist.

Diese ikonographischen Bilder werden vor allem in Kurzbeiträgen für Kulturmagazine oder Nachrichtensendungen, in Trailern und clipartigen Sequenzen verwendet, in denen es darauf ankommt, das kollektive Bildgedächtnis anzusprechen und schnell eine starke Wirkung zu erzielen. In längeren historischen Dokumentationen sollten derartige Bilder, dies ist jedenfalls der allgemeingültige Konsens, nur dann eingesetzt werden, wenn sie zeitlich und örtlich korrekt eingeordnet werden können. Beate Schlanstein stellt zu Recht fest, dass der Ruf einer Redaktion, die es in dieser Beziehung nicht so genau zu nehmen scheint, schnell ruiniert ist: „Fatal, wenn eine Redaktion erst einmal in den Ruf gerät, es mit der korrekten Zuordnung des Archivmaterials nicht so genau zu nehmen. Sie wird sich schwer tun, auf anderen Gebieten für glaubwürdig gehalten zu werden" (Schlanstein 2008, S. 210). Wie die ZDF-Reihe „100 Jahre – Der Countdown" gezeigt hat, kann es extrem reizvoll sein, Bilder, die sich im kollektiven Gedächtnis abgelegt und dort verselbständigt haben, wieder in ihren konkreten Kontext zurück zu holen und den Entstehungszusammenhang zu schildern.[8]

Eine vollkommen andere, viel weitergehendere Entkontextualisierung spielt dagegen gerade in historischen Dokumentationen eine große Rolle. Dies betrifft Aufnahmen, die gar nicht gedreht wurden, um ein bestimmtes Ereignis abzubilden, sondern die Alltäglichkeiten, Stimmungen und Zustände abbilden. Oftmals ist es auch von der Überlieferung nur noch möglich, sie örtlich und zeitlich grob zuzuordnen. Berlin „in den Goldenen Zwanziger Jahren", „in der Vorkriegszeit", „während des Krieges", „in der Stunde Null." Innerhalb eines gewissen zeitlichen und örtlichen Rahmens dürfen, soweit der allgemeine Konsens, diese Bilder benutzt werden – maßgeblich sind die anerkannten Zäsuren. Bilder aus der Zeit der Weimarer Republik können nicht die Nazi-Zeit illustrieren; Bilder, die vor dem 8. Mai 1945 gedreht sind, dürfen nicht behaupten, nach dem 8. Mai entstanden zu sein; Aufnahmen, die das Elend in den Mietskasernen Berlins zeigen, dürfen nicht zur Darstellung des sozialen Elends in Hamburg oder Köln herangezogen werden.

---

[8] „100 Jahre – Der Countdown", Leitung: Guido Knopp, Deutschland (ZDF) 1999. z. B. „1972 Das Mädchen aus Vietnam".

Ihre, im Sinne des Authentizitätsversprechens belegende Wirkung („so quirlig war Berlin in den Goldenen Zwanzigern"; „So elend waren die Zustände in den Kölner Mietskasernen") behält das Material, so dass diese Art der Verwendung vollkommen unstrittig ist.

Eine ähnliche Praxis hat sich auch bei Archivaufnahmen herausgebildet, mit deren Hilfe nicht Zustände abgebildet, sondern Vorgänge erzählt werden: Archivbilder eines Personenzuges, gedreht in den dreißiger Jahren, werden benutzt, um zu erzählen, wie der Diplomat Fritz Kolbe während des Dritten Reiches geheime Dokumente aus dem Auswärtigen Amt über die deutschen Kriegsvorbereitungen in die Schweiz geschmuggelt hat; ein sowjetischer Schulungsfilm, der die Jagd auf ein feindliches Kampfflugzeug thematisiert, wird herangezogen, um den Abschuss eines US-amerikanischen Spionageflugzeuges über der Kleinstadt Gardelegen zu dramatisieren;[9] Aufnahmen der West-Berliner U-Bahn Ende der siebziger Jahre dienen zur Darstellung der Flucht des Stasi-Agenten Werner Stiller, der sich mit ebenjener U-Bahn nach Westberlin abgesetzt hat;[10] und in einem Film über die Zerstörung Dresdens im Zweiten Weltkrieg werden Archivbilder einer Einsatzbesprechung britischer Piloten für einen Angriff auf eine nicht näher benannte deutsche Großstadt herangezogen, um die Einsatzvorbereitungen auf Dresden zu bebildern.[11]

In jedem aufgezählten Fall ist das Material „authentisch". Es zeigt eine wirkliche Zugfahrt in den dreißiger Jahren, es zeigt ein echtes Briefing britischer Bomberpiloten, einen wirklichen Druck auf den Abschussknopf einer russischen MIG und eine reale U-Bahn-Fahrt durch Berlin. Und doch begibt man sich mit diesen Entkontextualisierungen in eine Grauzone. Behaupten diese Bilder etwas anderes, als sie wirklich zeigen? Entsteht beim Zuschauer etwa der Eindruck, dass *genau* die Bahnfahrt des Protagonisten, *genau* das Briefing für die Zerstörung Dresdens gezeigt wird? Wohl kaum!

An dieser Stelle wird die zweite wichtige Funktion von Archivmaterial für den Regisseur einer historischen Dokumentation deutlich: Er benötigt das historische Material nicht nur, um Sachverhalte zu belegen, er benötigt es nicht nur als Dokument und Beweis, sondern er benutzt es auch als erzählerisches Mittel, als illustrierendes und dramatisierendes Element – und die Funktion als historische Quelle mit Beweischarakter tritt dagegen zurück. Das Archivmaterial der Zugfahrt wird

---

[9] „Krieg in den Wolken – Luftspionage über der DDR", Regie: John Goetz, Jan N. Lorenzen, Michael Marten, Claudia Schön, Deutschland (MDR, Arte) 2007.

[10] „Geheimnisvolle Orte: Die Stasi-Zentrale", Regie: Jan N. Lorenzen, Deutschland (RBB) 2010.

[11] „Operation Donnerschlag", Regie Matthias Koch, Deutschland (ARD, MDR) 1995.

nicht herangezogen, um zu belegen, dass die Zugfahrt des Fritz Kolbe wirklich stattgefunden hat (dies ist ausreichend durch andere Quellen belegt, die ebenfalls im Bild präsentiert werden können), sondern um den Zuschauer mit dynamischen Bildern auf die gefährliche Reise des Protagonisten „mitzunehmen". Die U-Bahn-Fahrt durch Berlin dient nicht dazu, zu beweisen, dass Werner Stiller wirklich aus der DDR geflohen ist, sondern sie hilft, den Zuschauer in den Moment der Unsicherheit hinein zu versetzen: gelingt die Flucht, oder wird Werner Stiller im letzten Moment doch noch aufgehalten?

Bilder, die „authentischer" sein könnten, um die entsprechenden Vorgänge zu erzählen, stehen nicht zur Verfügung; alternativ bieten sich nur Re-enactments und der subjektive Dreh am Originalschauplatz an, die mit anderen Nachteilen verbunden sind (darauf wird in den folgenden Kapiteln einzugehen sein). Verzichten kann jedenfalls kaum eine historische Dokumentation darauf, Archivmaterial zu verwenden, welches bis zu einem gewissen Grade aus seinem ganz konkreten Entstehungszusammenhang gelöst wurde. Und so hat sich auch diese Verwendung von Archivmaterial bei den meisten Autoren und Regisseuren durchgesetzt. Es wird dem sehr aufmerksamen Programmbeobachter dabei nicht entgehen, dass ein und dasselbe Material, z. B. einer Zugfahrt, einmal – mit düsterer Musik unterlegt – eine Spionagegeschichte erzählt, und ein anderes Mal – diesmal mit einem kitschigen Schlager versehen – die Fahrt einer Schulklasse in die Sommerfrische bebildert.

Wirklich problematisch wird die skizzierte Verwendung von Archivmaterial erst dann, wenn beide Funktionen sich überschneiden und wenn dadurch für den Zuschauer nicht mehr deutlich ist, ob das Material illustrierend im oben skizzierten Sinn eingesetzt wird oder ob es eine belegende Funktion hat. Ein prägnantes Beispiel sind Aufnahmen der deutschen Verbrechen in Russland während des Zweiten Weltkrieges. Sie zeigen deutsche Soldaten, die Einwohner zusammentreiben, deren Häuser durchkämmen und anzünden. Rangabzeichen sind auf den meist unscharfen Bildern kaum zu erkennen. Eine Rekonstruktion, welchen Einheiten die Soldaten angehörten und wo genau in Russland die Vorgänge stattgefunden haben, ist kaum noch möglich. Die Aufnahmen haben zwar noch nicht den ikonographischen Status erlangt, der etwa den Jungen aus dem Warschauer Ghetto oder das Napalm-Mädchen kennzeichnet, da die deutschen Verbrechen aber kaum im Film festgehalten wurden, werden die wenigen überlieferten Einstellungen beinahe ebenso symbolisch und entkontextualisiert eingesetzt. Wahlweise müssen sie die Verbrechen der SS, der SD-Einsatzgruppen, der Polizeibataillone oder der Wehrmacht bebildern – auf den Zuschauer wirken sie dabei oft wie ein Bildbeweis. Bedenkt man, wie viel Kritik die Kuratoren der sogenannten Wehrmachtsausstellung wegen einiger Fotos, bei denen falsche Bildunterschriften ungeprüft übernommen worden waren, einstecken mussten und wie groß der anschließende Überprüfungs-, Überarbeitungs- und Kommentierungsaufwand war, um verlorenes Vertrauen zurückzugewinnen, kann von der Benutzung derart entkontextualisierter Bilder nur abgeraten werden (vgl. Bartov et al. 2000).

5.4 Propagandamaterial – ein Kapitel für sich!

Ein ganz eigenes und besonders schwieriges Kapitel ist der Umgang mit Propagandamaterial. Zwar haben Dokumentarfilmer und auch die Regisseure historischer Dokumentationen in den letzten Jahrzehnten zahlreiche Erfahrungen im Umgang mit ästhetisch und ideologisch vorgeformten Materialien gesammelt und dabei eine Reihe von Arbeitstechniken entwickelt, wie die ursprünglich intendierte Wirkung gebrochen oder in ihr Gegenteil verkehrt werden kann, allerdings haben sich dabei keine verbindlichen Konventionen herausgebildet. Dies liegt zum einen daran, dass die Einschätzungen darüber, wie viel Wirkungsmacht den Propagandabildern noch inne wohnt, starken Schwankungen unterliegen; zum anderen ist es, über die alltagssprachliche Verwendung des Begriffes hinaus, extrem schwierig zu definieren, was „Propagandamaterial" überhaupt ist.

In der Regel wird unter Propaganda der absichtliche und systematische Versuch verstanden, „durch Kommunikation die Meinung, Attitüden, Verhaltensweisen von Zielgruppen unter politischer Zielsetzung zu beeinflussen" (Maletzke 1972, S. 157). Diese, durchaus anerkannte und gängige Definition hat allerdings die Schwäche, dass es mit ihrer Hilfe nicht gelingt, Propaganda in totalitären Staaten von politischer Werbung und staatlicher Kommunikationspolitik in offenen, pluralistischen Gesellschaften zu unterscheiden. Der Gebrauch von Propaganda wäre dann nicht nur für diktatorische, sondern „für letztlich alle neuzeitlich-modernen Staatswesen" als konstitutiv anzusehen (Mühlenfeld 2011). Bezieht man jedoch den Kontext einer totalitären Gesellschaft, in der alle Massenkommunikationsmittel monopolisiert sind, in die Definition von Propaganda mit ein, wird es schwierig, konkrete Merkmale zu formulieren, wann ein einzelnes Werk, etwa ein einzelner (Dokumentar-)Film, als propagandistisch anzusehen ist – und wann nicht. Während filmische Werke, die sich einer „symbolisch aufgeladenen und ideologiegeprägten (Bild-)Sprache" bedienen (Bussemer 2013), schnell als Propaganda erkannt werden können, besteht das in der Praxis viel größere Problem darin, Leerstellen, Auslassungen und Verfälschungen zu erkennen. Bereits Anfang der sechziger Jahre hatte Heinz Huber bei der Arbeit an der Reihe „Das Dritte Reich" bemerkt, dass der Zweite Weltkrieg, folgt man den Aufnahmen der Deutschen Wochenschau, eine „Sache ohne deutsche Gefallene" sei. „Leichen liegen immer nur auf der anderen

Seite der Front herum" (Huber 1963/3, S. 181). Die sich aus dieser Beobachtung
ergebende Forderung, auch immer in den Archiven der jeweiligen Gegenseite zu
recherchieren, um Propaganda überhaupt erkennen und filmisch mit ihr umgehen
zu können, sollte zur Selbstverständlichkeit der Arbeit eines Regisseurs gehören.
   Bei der Unterscheidung propagandistischer Aufnahmen von Bildern, die die
Realität vermeintlich unverfälscht wiedergeben, stellt sich in der Praxis allerdings
eine weitere Frage, die nicht so leicht zu beantworten ist – denn auch das Inszenier-
te kann „real" sein; und die Bilder, die ein propagandistisch inszeniertes Ereignis
abbilden, sind demzufolge auch als „realistisch" anzusehen. Besonders deutlich
zeigt sich dies bei Filmen über NS-Aufmärsche, z. B. bei dem Film „Sieg des
Glaubens" von Leni Riefenstahl über den NSDAP-Parteitag 1933 in Nürnberg.[12]
Der Parteitag war minutiös durchgeplant. Hitlerjugend und SA marschierten auf.
Beim Auftritt der SS waren nur „körperlich und rassisch einwandfreie Teilneh-
mer" zugelassen, die „mit militärisch kurz geschnittenem Haar" anzutreten und auf
das Kommando „Augen rechts!" alle den Führer anzublicken hatten (zit. n. Piper
2008). Die formierte Gemeinschaft namens NSDAP sollte bei diesem Parteitag
„einen perfekten Eindruck" hinterlassen – und Leni Riefenstahls Aufgabe bestand
darin, diesen Eindruck auch an die „Volksgenossen" draußen im Reich weiterzugeben (Piper 2008). Ist es nun Riefenstahl, die mit ihrem Film ein „Propaganda-
Machwerk" ablieferte – oder gibt ihr Film lediglich die Realität des Parteitages
wieder? Können nicht gerade die ästhetisch und propagandistisch aufgeladenen
Bilder, die Riefenstahls Kameramann Sepp Allgeier gedreht hat, in einer historischen Dokumentation eingesetzt werden, um die propagandistische Inszenierung
des Parteitages offen zu legen? An dieser Stelle wird ein weiteres grundsätzliches
Problem, das den Umgang mit Archivmaterial in historischen Dokumentationen
beeinflusst, deutlich: Die Angst vor der fortgesetzten Wirkungsmacht der Bilder.
   Neuere sozialwissenschaftliche Studien zur Propaganda verweisen darauf, dass
Propaganda nur in den seltensten Fällen von oben verordnet werden kann, sie muss
vielmehr auf vorhandene Grundstimmungen in der Gesellschaft treffen. Ist dies der
Fall, dann entsteht so etwas wie eine „aktive Komplizenschaft von Propagandisten
und Rezipienten" (Bussemer 2013); ist dies nicht der Fall, dann ist der Propaganda
als Indoktrinationsmittel gewissermaßen der Boden entzogen, auf dem sie frucht-
bar werden könnte.
   Bereits unmittelbar nach dem Ende der DDR wurde zum Beispiel der DDR-
Propaganda kaum noch Wirkungsmacht zuerkannt. Sie würde sich, so der allgemeine Konsens, weitgehend selbst entlarven. Ob es sich dabei um die aufwändigen
Inszenierungen anlässlich der „Turn- und Sportfeste" in Leipzig, um Werbefilme

---

[12] „Sieg des Glaubens", Regie: Leni Riefenstahl, Deutschland 1933.

für die Sicherheitsorgane oder gar um Sendungen wie „Der schwarze Kanal" handelte – die beabsichtigte Wirkung hatte sich in ihr Gegenteil verkehrt. „Wundern Sie sich nicht, wenn Ihnen manches in diesem Film wie Propaganda erscheint. Es ist Propaganda," hieß es vollkommen ungeniert in der Programmankündigung für den Film „Kinder, Kader, Kommandeure" aus dem Jahr 1991, in dem die Regisseure Wolfgang Kissel und C. Cay Wesnigk das entsprechende Material aus vier Jahrzehnten DDR zusammengetragen hatten: „Die Selbstdarstellung des DDR-Regimes – spannend, komisch-grotesk und bedrückend zugleich."[13] Eine Kommentierung oder gar Brechung der Aufnahmen durch den Regisseur schien vollkommen unnötig. „Der Spiegel" urteilte damals, die „geschickt montierten Szenen aus FDJ-Aufmärschen oder Schulungen in Ideologie" würden „die unfreiwillige Komik sozialistischer Propagandarituale" von selbst offenbar machen (Spiegel 1992).

Ganz anders verhält es sich bei NS-Propaganda. Dieser wird auch viele Jahrzehnte nach dem Ende des sogenannten Dritten Reiches noch eine gewaltige Anziehungskraft nachgesagt. Etwa 40 NS-Filme (vorrangig Spielfilme), deren Inhalt als kriegsverherrlichend, rassistisch, oder volksverhetzend eingestuft wurde, befinden sich nach wie vor auf einer „Vorbehaltsliste". Die Friedrich-Wilhelm-Murnau-Stiftung, die etwa 80 % dieser Filme verwaltet, gestattet die öffentliche Aufführung in Deutschland nur unter der Auflage, dass jede Vorführung durch einen einführenden Vortrag und eine anschließende Diskussion eingerahmt wird (Rodek 2012). Die Botschaft dahinter, „ihr mündigen Bürger in einer freien Gesellschaft seid nicht reif genug, das ohne ‚Belehrung' zu sehen" (Moeller 2014) wird heute zwar durchaus kritisch gesehen. Die Vorbehalte gegen eine Freigabe sind, wie der Dokumentarfilm „Verbotene Filme" von Felix Moeller erst kürzlich gezeigt hat, jedoch nach wie vor groß.[14]

Ebenfalls aus Angst vor der Wirkungsmacht bestimmter Bilder hatte Erwin Leiser knapp 20 Jahre zuvor in seiner Dokumentation „Feindbilder" über die NS-Propaganda auf die Verwendung von Ausschnitten aus den Spielfilmen „Jud Süß" und „Der ewige Jude" bewusst verzichtet. „Mir ist bei Diskussionen vorgeworfen worden, dass ich hier Zensur ausgeübt hätte und dem Zuschauer nicht zutraue, die Ziele der Propaganda in diesen Szenen zu durchschauen", schrieb Leiser später: „Ich habe darauf geantwortet, dass ich den heutigen Zuschauer nicht unterschätze, aber auch die Wirkung dieser geschickten Propaganda auf ein heutiges Publikum nicht unterschätzen darf. Warum soll ich bei einem Film wie diesem Propagan-

---

[13] „Kinder, Kader, Kommandeure", Regie: Wolfgang Kissel, C. Cay Wesnigk, Deutschland (DEFA) 1991.

[14] „Verbotene Filme", Das verdrängte Erbe des Nazi-Kinos, Regie: Felix Moeller, Deutschland (Blueprint-Film, RBB, HR, Arte) 2014.

daszenen zeigen, die einmal zur Vernichtung von Juden, Sinti und Roma geführt haben?" (Leiser, S. 61).

Dass es etwas anderes ist, Propaganda als solche vorzuführen oder sich der inszenierten Bilder zu bedienen, um historische Vorgänge zu erzählen, musste dagegen knapp 20 Jahre zuvor der Publizist Joachim Fest erleben.[15] Bei seinem Film „Hitler – eine Karriere" traf ihn der Vorwurf, er habe „als Zeugnis der damaligen Realität" genommen, was „eigens für die Kamera inszeniert worden" sei (Darmstädter 1995). Die Dokumentation besteht ausschließlich aus Archivmaterial, vorwiegend aus NS-Wochenschauen – und Joachim Fest setzte den Bildern nichts weiter als seinen Kommentar entgegen. „Da hat einer, hochmütig und in frevelhaftem Leichtsinn, seine Sprache, in einem Bestseller erfolgreich erprobt, der Sprache demagogischer Bilder für überlegen gehalten," urteilte damals kein geringerer als Wim Wenders. Fest habe geglaubt, so Wenders in einer Rezension für die „Zeit", „er könne mit einem überlegenen Kommentar alles in seine Schranken verweisen, wie ein Herrgott, vom Himmel her" (Wenders 1977).

Die Frage, ob Propagandabilder in einer historischen Dokumentation benutzt werden können, und wenn ja, zu welchen Methoden ein Regisseur greifen muss, um die Wirkungsmacht dieser Bilder zu brechen, hängt, wie die Beispiele gezeigt haben, also zum einen vom Verwendungszusammenhang ab – und zum anderen davon, wie groß das Vertrauen in den politischen Standpunkt und die Urteilsfähigkeit des Zuschauers ist. Abstrakt, ohne die aktuelle politische und gesellschaftliche Situation in den Blick zu nehmen, kann die Frage schlechterdings nicht beantwortet werden. Einige Arbeitstechniken im Umgang mit ideologisch und ästhetisch vorgeformtem Material sollen dennoch kurz vorgestellt werden, denn sie gehören für einen Regisseur historischer Dokumentationen zum unverzichtbaren Handwerkszeug.

Eine besonders elegante Methode ist sicherlich die unmittelbare Gegenüberstellung. In seinem Film über den Ungarischen Aufstand 1956 hat der Regisseur Kurt Tetzlaff gleich zu Beginn die Ausschnitte einer west- und einer ostdeutschen Wochenschau gegenübergestellt, um die Instrumentalisierung des Ereignisses für propagandistische Belange deutlich zu machen. Die Bilder zeigen Straßenkämpfe in der ungarischen Hauptstadt, ausgebrannte Panzer, zerstörte Häuser, rennende Sanitäter, Leichen. Im Originalton des ostdeutschen „Augenzeugen" heißt es: „Der Klassenfeind wütete in Ungarns Hauptstadt". Der Sprecher der westdeutschen „UFA-Wochenschau" hält auf beinahe identischen Bildern dagegen: „Sie kämpften für ihre Freiheit".[16] Von vornherein ist damit deutlich gemacht, dass die Bilder

---

[15] „Hitler – Eine Karriere", Regie: Joachim Fest, Christian Herrendoerfer, Deutschland 1977.
[16] „Am Rande eines Krieges – Der Ungarische Aufstand 1956", Regie: Kurt Tetzlaff, Deutschland (ARD, MDR) 1996.

selber keine Deutung bereit halten; die Sichtweise auf das Ereignis hängt vom jeweiligen politischen Standpunkt ab.

Eine andere, allerdings mit hohem Rechercheaufwand verbundene Möglichkeit, um eine propagandistische Inszenierung kenntlich zu machen, besteht in der Suche nach den Schnittresten. Ein bekanntes Beispiel für diese Methode bietet die letzte deutsche Kriegswochenschau vom April 1945 (Deutsche Wochenschau Nr. 755) in der Adolf Hitler einige Hitlerjungen auszeichnet und einem von ihnen die Wange tätschelt. Die Tatsache, dass Hitler zu diesem Zeitpunkt längst von einer schweren Krankheit, vermutlich Parkinson, geschwächt war, versucht die Wochenschau zu kaschieren. Hitlers zitternde, von Schüttellähmung geplagte und hinter seinem Rücken verborgene linke Hand zeigt die Wochenschau nicht. In den Schnittresten sind die entsprechenden Aufnahmen jedoch erhalten und können helfen, die auf der Demonstration von Tatkraft und Entscheidungsstärke beruhende Inszenierung Hitlers zu durchbrechen.[17]

Ist weder eine Gegenüberstellung von Archivsequenzen, noch eine Anreicherung mit Schnittresten möglich, kann es sinnvoll sein, die ausgewählten Zeitzeugen auf bestimmte Archivbilder anzusprechen, oder ihnen diese ggf. sogar vorzuführen. Die Kommentierungen sind nicht nur deswegen interessant, weil sie eine spontane, ungefilterte Reaktion enthalten; aus ihnen können sich auch inhaltlich wichtige Korrekturen an der im Archivmaterial vorgegebenen Geschichtsdeutung ergeben. Bei dem Film „Der Turm – Die Dokumentation" über das Dresden der achtziger Jahre lachen zwei Zeitzeuginnen den ehemaligen Dresdner Bürgermeister für seine im DDR-Fernsehen gemachten Äußerungen, es sei seit dem Ende des Zweiten Weltkrieges gelungen, die Dresdner Bevölkerung im sozialistischen Sinne „umzuerziehen", regelrecht aus.[18]

Auch Beate Schlanstein weist auf die Möglichkeit hin, Fehler und Verfälschungen im Archivmaterial von Zeitzeugen korrigieren zu lassen (Schlanstein 2008, S. 209–210).

Als letztes sei auf die innerhalb einer historischen Dokumentation eher selten angewandte Form der Satire verwiesen, mit der es ebenfalls gelingen kann, Propagandabilder ihrer intendierten Wirkung zu berauben. Unter dem Titel „London's New Version of the Lambeth Walk performed by the Nazi-Ballet without permission of A. Hitler" war es bereits 1942 dem britischen Regisseur Charles A. Ridley im Auftrag des britischen Informationsministeriums in einer wenige Minuten kurzen Persiflage gelungen, die Nazi-Aufmärsche der Lächerlichkeit preiszuge-

---

[17] Verwendet u. a. in „Stalin gegen Hitler. Das Duell der Diktatoren", Regie: Christian Klemke, Jan N. Lorenzen, Deutschland (ARD, MDR) 1997.

[18] „Der Turm – die Dokumentation", Regie: Jan N. Lorenzen, Deutschland (ARD, MDR) 2012.

ben. Ridley hatte dafür Bilder von SS- und SA-Formationen auf den Takt eines Musical-Songs (des „Lambeth Walk") geschnitten und dabei die Filmbilder zum Teil auch rückwärts laufen lassen. Im Stechschritt marschierende SS-Männer begannen auf einmal zu tanzen. Erwin Leiser beginnt seinen Film „Feindbilder" mit eben diesen Aufnahmen und auch Hans Beller zitiert diese speziell britische Methode, die Propagandabilder der Nazis ins Lächerliche zu ziehen, in seiner Dokumentation „Bilder des Jahrhunderts – das Jahrhundert der Bilder."[19]

Die u. a. von Joachim Fest angewandte Methode, propagandistischen Filmbildern durch einen analytischen Kommentartext ihre Wirkung zu nehmen, hat sich dagegen als fast nie ausreichend erwiesen. Haben die Propagandabilder noch eine Wirkungsmacht, dann gilt die Grundregel, dass Bilder jedem Text in ihrer emotionalen Wirkung überlegen sind; haben sie keine Wirkungsmacht mehr, dann bedarf es auch keines aufklärenden Kommentars.

5.5 Die Recherche nach Archivmaterial

Wenn man den Ehrgeiz hat, nicht nur die aus vorherigen Dokumentationen bereits bekannten, immer gleichen Bilder zu präsentieren, und wenn einem daran liegt, etwaige Zuordnungsfehler des Materials zu vermeiden, ist der Gang ins Film- oder Fernseharchiv und eine Kontrolle der originalen Filmrollen oder Fernsehsendungen nach wie vor unerlässlich. Die Recherche nach Archivmaterial ist dann ähnlich zeitaufwändig, wie die Suche nach Zeitzeugen.

Das wichtigste Filmarchiv ist mit Sicherheit das Bundesarchiv mit seiner Unterabteilung Filmarchiv mit Sitz in Berlin. Es verwaltet und erhält nicht nur (deutsche) Wochenschauen seit den 1920er Jahren (darunter vor allem die „Deutsche Wochenschau"), sondern auch Spiel-, Dokumentar-, Lehr-, Industrie- und Werbefilme.[20] Nicht immer ist das Bundesarchiv dabei auch der Inhaber der Senderechte; ein Großteil der Rechte liegt vielmehr bei der Transit-Film GmbH in München.[21] Über das Online-Portal „http://www.filmothek.bundesarchiv.de" kann eine erste Recherche erfolgen.

Für diejenigen, die sich der Geschichte der frühen Bundesrepublik widmen, hat das kommerziell geführte Filmarchiv der „Deutschen Wochenschau GmbH" mit Sitz in Hamburg eine große Bedeutung. Der Filmstock umfasst etwa 2.700

---

[19] „Bilder des Jahrhunderts – das Jahrhundert der Bilder", Regie: Hans Beller, Deutschland (MDR, SWR) 1999.

[20] Bundesarchiv, Abt. Filmarchiv, Fehrbelliner Platz 3, 10707 Berlin.

[21] Transit Film GmbH, Dachauer Straße 35, 80335 München.

Wochenschauen (vor allem die „Neue Deutsche Wochenschau" und „Welt im Bild"), 1800 Monatsmagazine („Zeitlupe") und 2000 Dokumentar- und Sonderfilme (z. B. „Adenauer in Moskau" (1956), „Kennedy in Deutschland" (1963) und „Geschichte der deutschen Teilung" (1966)).[22] Der Archivbestand ist weitgehend digitalisiert und mittlerweile als Download über das Kundenportal „http://www. deutsche-wochenschau.de" verfügbar.

Wer sich mit der Geschichte der frühen DDR beschäftigt, kommt an einem Besuch des ebenfalls kommerziell arbeitenden Archivs von „Progress-Film" nicht vorbei. Progress-Film bewahrt nicht nur die DDR-Wochenschau „Der Augenzeuge", sondern auch alle DEFA-Dokumentarfilme, sowie Restmaterialien dieser Produktionen auf. Auch für die von der DEFA im Auftrag des Ministerium des Innern (MdI) oder das Ministerium für Auswärtige Angelegenheiten der DDR (MfAA) hergestellten Schulungsfilme, sowie für die Produktionen des Filmstudios der Nationalen Volksarmee der DDR (NVA) hat Progress-Film die Verwertung übernommen.[23]

Für die Jahre nach der TV-freien Ära ist der Nachlass des DDR-Fernsehens, der vom Deutschen Rundfunkarchiv (DRA) in Potsdam-Babelsberg verwaltet wird, unverzichtbar.[24]

Nicht unerwähnt bleiben sollte die Behörde des Bundesbeauftragten für die Unterlagen des Staatssicherheitsdienstes der ehemaligen Deutschen Demokratischen Republik (BStU), die nicht nur kilometerlange Akten, sondern auch die Schulungsfilme und Beobachtungsvideos des ostdeutschen Geheimdienstes zur Benutzung bereit hält (http://www.bstu.bund.de).[25]

Einen zentralen Aufbewahrungsort für ARD-Sendungen gibt es leider nicht; jede ARD-Anstalt verfügt über ihr eigenes Archiv. Allerdings sind die seit Gründung der ARD entstandenen Sendungen (und zum Teil auch die Rohmaterialien) in einer zentralen Datenbank („FESAD") erfasst, die leider nur ARD-intern zur Verfügung steht. Die Qualität der Inhalts- und Sujetangaben in dieser Datenbank ist zudem sehr unterschiedlich. Während sich zu manchen Beiträgen ausführliche Inhalts- und Bildbeschreibungen finden, ist bei anderen Sendungen nur der Titel verzeichnet. Eine weitere Schwierigkeit besteht darin, dass manche Archivfilme, besonders aus den frühen Jahren der ARD, noch immer nur auf 16 mm-Film oder 1-Zoll-Video vorliegen und bereits die Voransicht erheblichen zeitlichen und

---

[22] Deutsche Wochenschau GmbH, Jenfelder Allee 80, 22039 Hamburg.

[23] Progress Film-Verleih GmbH, Friedrichstr. 55a, 10117 Berlin.

[24] Deutsches Rundfunkarchiv, Standort Potsdam-Babelsberg, Marlene-Dietrich-Allee 20, 14482 Potsdam.

[25] BStU, Karl-Liebknecht-Straße 31/33, 10178 Berlin.

finanziellen Aufwand mit sich bringt. Bei einigen Filmbeiträgen ist offenbar der Ton während der Sendung live eingesprochen und dabei nicht aufgezeichnet worden. Den Betrachter erwarten stumme Bilder. Bei einigen Magazin- und Nachrichtensendungen sind lediglich die Einspieler erhalten, die Live-Moderation ist nicht archiviert.

Ein wertvoller, oft übersehener Schatz schlummert in den Filmhochschulen. Die Filmuniversität „Konrad Wolf" in Potsdam-Babelsberg (ehemals Hochschule für Film und Fernsehen Konrad Wolf – HFF; www.filmuniversitaet.de) hat von fast allen Studentenfilmen von 1956 bis heute eine Kopie aufbewahrt. Die Filme spiegeln nicht nur die Qualität der Ausbildung wider, unter den Aufnahmen befinden sich auch zahlreiche Sujets von historischer Bedeutung, die anderweitig nicht festgehalten wurden. Verwiesen sei zum Beispiel auf den Dokumentarfilm „Aufbruch '89 – Dresden", der als ein wichtiges Zeitdokument über die Ereignisse in Dresden im Herbst 1989 angesehen werden muss.[26]

Ebenfalls kaum genutzt werden die Archive von Firmen und Betrieben. Das mag zum einen daran liegen, dass die archivierten Materialien meist wirklich nur die unmittelbare Firmengeschichte widerspiegeln und Wirtschaftsgeschichte in den letzten Jahren und Jahrzehnten nicht im Fokus der Programminteressen stand. Zum anderen sind die Betriebe, wenn es zum Beispiel um ihre Tätigkeit im sogenannten Dritten Reich geht, noch immer nicht sehr kooperativ. Im Zuge einer Recherche über den Bau des Kraft-durch-Freude-Urlauberheimes in Prora habe ich zahlreiche renommierte, an dem Bau beteiligte und bis heute existierende deutsche Bauunternehmen angeschrieben und um Einblick in ihre Archivalien gebeten. Nur ein einziger Konzern hat auf die Anfrage reagiert – um darauf zu verweisen, dass alle Unterlagen vernichtet seien. Bessere Erfahrungen mit Firmenarchiven haben der Historiker Rainer Karlsch und der Filmemacher Torsten Jeß bei ihrer 3-teiligen Dokumentation über die Geschichte der IG Farben im Nationalsozialismus und der entsprechenden Nachfolgebetriebe in der DDR gemacht.[27]

Je nach Thema der historischen Dokumentation sollten auch private Filmaufnahmen in Betracht gezogen werden. Die Recherche danach kann analog zur Suche nach Zeitzeugen zum Beispiel über Geschichtsvereine erfolgen. Nicht selten stößt man dort auf Heimatforscher, die sich auf die regionale filmische Überlieferung spezialisiert haben, Kontakte zu begeisterten Schmalfilmern pflegen und diese gerne weitergeben.

---

[26] „Aufbruch '89 – Dresden", Regie: Thomas Eichberg, Thomas Rist, Sabine Wittig, Volker Langhoff, René Jung, Katja Hofmann, Deutschland/DDR (HFF) 1989.

[27] „Buna, Leuna & Co. – Eine mitteldeutsche Industriegeschichte", 3. Teile, Regie: Thorsten Jeß, Rainer Karlsch, Deutschland (MDR) 2000.

Auf die zahlreichen internationalen Film- und Fernseharchive kann an dieser Stelle nicht erschöpfend eingegangen werden. Viele Länder haben eine dem
Bundesarchiv vergleichbare Institution. In Frankreich ist dies etwa das „Institut
national de l'audiovisuel" (INA), erreichbar über die Website http://www.institut-
national-audiovisuel.fr; in Russland ist es das „Russische Staatsarchiv für Dokumentarfilme" in Krasnogorsk bei Moskau und in den USA ist es die „National
Archives and Records Administration" (NARA) in College Park bei Washington
D.C. (http://www.archives.gov).[28] Während die meisten staatlichen Filmarchive
für die Benutzung hohe, den kommerziellen Archiven vergleichbare Lizenzkosten
in Rechnung stellen, erhebt das NARA bei dem größten Teil des Materials lediglich eine geringe Benutzungsgebühr und stellt die Kosten für die Überspielung
von Film auf Video in Rechnung. Ansonsten gilt das Material als „Public Domain"
und ist demzufolge lizenzkostenfrei. Dies haben sich wiederum eine Reihe von
kommerziellen Anbietern zu Nutzen gemacht, die Dokumentaraufnahmen aus den
National-Archives ohne bürokratischen Aufwand und gegen eine geringe Gebühr,
die in etwa den Benutzungskosten in den National-Archives entspricht, vertreiben.
Genannt sei zum Beispiel „Footage Farm" (http://www.footagefarm.com bzw., für
europäische Produzenten, http://www.footagefarm.co.uk).[29] Ein ähnliches, jedoch
vollständig auf den Online-Vertrieb ausgerichtetes Geschäftsmodell verfolgt „Critical Past" (http://www.criticalpast.com).[30]

Vor dem Gang ins Archiv sollte eine sorgfältige Vorbereitung stehen. Selbst
in den besten Archiven stimmt die Beschriftung der Filmrollen nicht immer mit
dem Inhalt überein, und selten sind die Karteikarten detailliert genug ausgefüllt.
Bei einer Recherche im Bundesarchiv-Filmarchiv vor wenigen Jahren fand sich
am Anfang einer Filmrolle über die Insel Rügen plötzlich eine kostbare, vollkommen unbekannte Einstellung aus Dresden im Mai 1945, die nicht in der Inhalts-
angabe auftauchte. Vor der heranrückenden Roten Armee hatten die Bewohner
ganzer Straßenzüge weiße Fahnen aus ihren Fenstern gehängt. Ohne Kenntnis der
Dresdner Stadtgeographie wird eine solche, aus dem Zusammenhang gerissene
Einstellung gar nicht erkannt – schon gar nicht kann sie korrekt zugeordnet werden. Bei der Suche nach Personen, etwa Generälen aus der Entourage Hitlers, ist
es nötig, sich schon vor dem Archivbesuch die Physiognomien einzuprägen. Das
klingt banal, gilt aber im selben Maße auch für Flugzeug- und Panzertypen oder

---

[28] The National Archives and Records Administration, 8601 Adelphi Road, College Park,
MD 20740–6001.

[29] Footage Farm Ltd., 10–11 Percy Street, London W1T 1DN, UK.

[30] Critical Past LLC, 12100 Sunrise Valley Drive, Box E–230–16, Reston, Virginia 20191
USA.

andere Waffensysteme. Wer es selber nicht so genau nimmt, ob nun wirklich ein
sowjetischer T-34 Panzer zu sehen ist, wenn im Kommentartext von einem solchen
die Rede ist, ihn aus Schludrigkeit vielleicht mit einem T-54 verwechselt, wird sich
wundern, wie viele „Panzerexperten" sich nach der Sendung mit einem Schreiben
an den Intendanten der verantwortlichen Sendeanstalt zu Wort melden und auf den
Fehler hinweisen werden.

Literatur

Ralf Adelmann, Judith Keilbach: Ikonographie der Nazizeit, in: Heinz B. Heller: Über Bilder
    sprechen, Marburg 2000, S. 137–150 (Adelmann/Keilbach 2000).
Omer Bartov, Cornelia Brink, Gerhard Hirschfeld, Friedrich P. Kahlenberg, Manfred Mes-
    serschmidt, Reinhard Rürup, Christian Streit, Hans-Ulrich Thamer: Bericht der Kommis-
    sion zur Überprüfung der Ausstellung „Vernichtungskrieg. Verbrechen der Wehrmacht
    1941 bis 1944", Hamburg 2000 (auch: http://www.his-online.de//fileadmin/user_upload/
    pdf/veranstaltungen/Ausstellungen/Kommissionsbericht.pdf). (Bartov u. a. 2000).
Mo Beyerle, Christine N. Brinckmann (Hrsg.): Der amerikanische Dokumentarfilm der 60er
    Jahre: Direct Cinema and Radical Cinema. Frankfurt 1991. (= Schriftenreihe des Zent-
    rums für Nordamerika-Forschung, Universität Frankfurt, Bd. 15). (Beyerle/Brinckmann
    1991).
Thymian Bussemer: Propaganda. Theoretisches Konzept und geschichtliche Bedeutung,
    Version: 1.0, in: Docupedia-Zeitgeschichte, 02. 08.2013, http://docupedia.de/zg/Propa-
    ganda. (Bussemer 2013).
Tim Darmstädter: Die Verwandlung der Barbarei in Kultur. Zur Rekonstruktion der nati-
    onalsozialistischen Verbrechen im historischen Gedächtnis, in: Michael Werz (Hrsg.):
    Antisemitismus und Gesellschaft. Zur Diskussion um Auschwitz, Kulturindustrie und
    Gewalt, Frankfurt a. M. 1995, Seite 115–140. (Darmstädter 1995).
Der Spiegel: Die mit dem Erich tanzt, Der Spiegel 34/1992, S. 209 (Spiegel 1992).
Christian Hißnauer: Fernsehdokumentarismus. Theoretische Näherungen, pragmatische Ab-
    grenzungen, begriffliche Klärungen, Konstanz 2011 (Hißnauer 2011).
Heinz Höhne: Faszination des Demagogen, in: Der Spiegel 27/1977, S. 155–156. (Höhne
    1977).
Heinz Huber: Die Zeitgeschichte auf dem Bildschirm (Teil 3), in: Fernsehinformationen
    Heft 8, Jg. 1963, S. 181–184 (Huber 1963/3).
Sven Felix Kellerhoff: Hitler Virtuell, Die Welt, 19. Juli 2005 (Kellerhoff 2005).
Gerhard Maletzke: Propaganda. Eine begriffskritische Analyse, in: Publizistik 17 (1972),
    S. 153–164. (Maletzke 1972).
Nils Minkmar: Der 20. Juli ist einfach kein gutes Datum, FAZ, 10. September 2004. (Mink-
    mar 2004).
Felix Moeller über "Verbotene Filme", Das verdrängte Erbe des Nazi-Kinos, Regie: Felix
    Moeller, Deutschland (Blueprint-Film, RBB, HR, Arte) 2014, auf http://www.verbotene-
    filme.de (Moeller 2014).
Daniel Mühlenfeld: Rezension zu: Judith Prokasky/Rainer Rother: Die Kamera als Waffe.
    Propagandabilder des Zweiten Weltkriegs, München 2010, in: H-Soz-u-Kult, 20. Okt.
    2011. (Mühlenfeld 2011).

Ernst Piper: Der faule Nazi-Zauber von Nürnberg, in: Spiegel-Online „einestages",
30.08.2008, http://www.spiegel.de/einestages/ns-machtergreifung-1933-der-faule-nazi-
zauber-von-nuernberg-a-947874.html (Piper 2008).
Robert Schändlinger: Erfahrungsbilder. Visuelle Soziologie und dokumentarischer Film,
Konstanz 1998 (Schändlinger 1998).
Beate Schlanstein: Echt wahr! Annäherungen an das Authentische, in: Thomas Fischer und
Rainer Wirtz (Hrsg.): Alles authentisch? Popularisierung der Geschichte im Fernsehen,
Konstanz 2008, S. 205–225 (Schlanstein 2008).
Hanns-Georg Rodek: Wie viel Gift steckt noch in den „Vorbehaltsfilmen"?, in: Die Welt
31.01. 2012. (Rodeck 2012).
Wim Wenders: That's Entertainment: Hitler, in Die Zeit, 12. August 1977 (Wenders 1977).

Filmografie

„100 Jahre – Der Countdown", Leitung: Guido Knopp, Deutschland (ZDF) 1999. z. B.
„1972 Das Mädchen aus Vietnam".
„Am Rande eines Krieges – Der Ungarische Aufstand 1956", Regie: Kurt Tetzlaff, Deutsch-
land (ARD, MDR) 1996.
„Aufbruch '89– Dresden", Regie: Thomas Eichberg, Thomas Rist, Sabine Wittig, Volker
Langhoff, René Jung, Katja Hofmann, Deutschland/DDR (HFF) 1989.
„Bilder des Jahrhunderts – das Jahrhundert der Bilder", Regie: Hans Beller, Deutschland
(MDR, SWR) 1999.
„Buna, Leuna & Co. – Eine mitteldeutsche Industriegeschichte", 3. Teile, Regie: Thorsten
Jeß, Rainer Karlsch, Deutschland (MDR) 2000.
„Der Erste Weltkrieg", Deutschland (ARD, WDR, SWR) 2004.
„Der Turm – die Dokumentation", Regie: Jan N. Lorenzen, Deutschland (ARD, MDR) 2012.
„Die Verschwörung – Das Attentat vom 20. Juli 1944 (Virtual History: The Secret Plot to
Kill Hitler)", Regie David McNab, USA (Discovery Channel) 2004.
„Geheimnisvolle Orte: Die Stasi-Zentrale", Regie: Jan N. Lorenzen, Deutschland (RBB)
2010.
„Hitler – Eine Karriere", Regie: Joachim Fest, Christian Herrendoerfer, Deutschland 1977.
„Im Westen nichts Neues (All Quiet on the Western Front)", Regie: Lewis Milestone, USA
1930.
„Kinder, Kader, Kommandeure", Regie: Wolfgang Kissel, C. Cay Wesnigk, Deutschland
(DEFA) 1991.
„Krieg in den Wolken – Luftspionage über der DDR", Regie: John Goetz, Jan N. Lorenzen,
Michael Marten, Claudia Schön, Deutschland (MDR, Arte) 2007.
„Mit dem Mute der Verzweiflung", Regie: Guido Knopp, Deutschland (ZDF) 1996.
„Operation Donnerschlag", Regie Matthias Koch, Deutschland (ARD, MDR) 1995.
„Sieg des Glaubens", Regie: Leni Riefenstahl, Deutschland 1933.
„Stalin gegen Hitler. Das Duell der Diktatoren", Regie: Christian Klemke, Jan N. Lorenzen,
Deutschland (ARD, MDR) 1997.
„Verbotene Filme", Das verdrängte Erbe des Nazi-Kinos, Regie: Felix Moeller, Deutschland
(Blueprint-Film, RBB, HR, Arte) 2014.
„Welche Farbe hat der Krieg – Deutschland 1945", Regie: Michael Kloft, Deutschland
(Spiegel TV) 1995.
„Wir Kommunistenkinder", Regie: Inga Wolfram, Deutschland (WDR, MDR) 1996.

Re-enactments

6

6.1 Re-enactments – eine vorübergehende Modeerscheinung?

Re-enactments, also szenische Nachstellungen von historischen Ereignissen, „die so oder so ähnlich stattgefunden haben oder sehr wahrscheinlich hätten stattfinden können", sind die umstrittenste Bildebene, der sich die historische Dokumentation bedient (Hißnauer 2011, S. 250). Sie unterliegt demzufolge starken, auch modischen Schwankungen. Es gibt Redaktionen, die sich szenischer Nachstellungen wie selbstverständlich bedienen, manche entscheiden von Fall zu Fall und einige lehnen Re-enactments aus grundsätzlichen Erwägungen vollständig ab. Ein Grund für diese unterschiedlichen Haltungen ist die schwankende Qualität. Nur wenige auf historische Dokumentationen spezialisierte Regisseure beherrschen die Techniken der Inszenierung und der Schauspielerführung. Oftmals lassen die Budgets keine vernünftige Requisite zu. Statt mit ausgebildeten Schauspielern wird mit Komparsen und Kleindarstellern gearbeitet. Die Folge ist, dass die meisten Re-enactments grundlegenden ästhetischen Anforderungen nicht gerecht werden.

Die entscheidende Kritik zielt jedoch auf die fehlende Authentizität der Bilder. Ein Regisseur, der sich innerhalb einer historischen Dokumentation szenischer Rekonstruktionen bedient, missachtet eine wichtige Konvention der Zunft indem er die Unterscheidung zwischen Spielfilm/Fernsehspiel einerseits und dem Dokumentarfilm/der Dokumentation andererseits aufhebt. Sich nur auf dokumentarisch gesichertes, dem Thema in Zeitgenossenschaft verbundenes Filmmaterial zu stützen, gehörte lange zu den Grundüberzeugungen von Dokumentarfilmern. Wer mit Hilfe von nachinszenierten Bildern historische Vorgänge erzählt, provoziert zudem die Kritik der historischen Fachgemeinde, wie nicht nur Guido Knopp bei der zweiten Staffel von „Hitlers Helfer" erleben musste (vgl. Wirtz 2008).

© Springer Fachmedien Wiesbaden 2015
J. N. Lorenzen, *Zeitgeschichte im Fernsehen,* Praxiswissen Medien,
DOI 10.1007/978-3-658-09944-2_6

Die WDR-Redakteurin Beate Schlanstein hält dem entgegen, dass das szenische Nacherzählen sich trotz aller Bedenken „großer Beliebtheit" erfreue und die Kritik überdauert habe. „Sinnvolle Programmarbeit" solle sich daher nicht „im panikartigen Vermeiden solcher Formen erschöpfen". Sie plädiert stattdessen dafür, die Praxis dieser Darstellungen „durch intelligente Regeln in Bahnen zu lenken" (Schlanstein 2008, S. 217). Bevor diskutiert werden soll, wie dies geschehen kann, müssen wir uns allerdings damit beschäftigen, warum Re-enactments überhaupt benötigt werden und warum viele Regisseure, Autoren und Redakteure trotz aller Probleme auf sie zurückgreifen.

6.2   Wenn die Bilder fehlen: Re-enactment als Ersatz für fehlendes Archivmaterial

In historischen Dokumentationen werden Re-enactments vor allem dann eingesetzt, wenn kein oder nicht genug Archivmaterial vorhanden ist, um eine historische Begebenheit erzählen zu können. Immer wieder stößt man schon bei der Recherche auf interessante, manchmal für den Kontext der Erzählung sogar unverzichtbare historische Ereignisse, die keinerlei Niederschlag im Archivmaterial gefunden haben. Dies gilt nicht nur für Stoffe, die vor der Erfindung des Filmes beheimatet sind, sondern auch für viele Ereignisse des 20. Jahrhunderts. Bereits Heinz Huber ist Anfang der sechziger Jahre bei der Arbeit an der Dokumentarreihe „Das Dritte Reich" auf dieses Problem gestoßen: „Wir haben in der Reihe eine ganze Sendung über den Widerstand gegen Hitler gebracht. Widerstand ist eine Sache, die ihrer Natur nach optisch nicht existent ist. Beim Widerstand wurde nicht gefilmt, nicht fotografiert, es wurden kaum Aufzeichnungen gemacht, mehr noch – da nach dem Willen Hitlers nicht nur die Widerstandskämpfer selber und ihre Angehörigen, sondern auch ihr Andenken ausgelöscht werden sollten, wurden selbst ihre Privatbilder weitgehend beschlagnahmt und vernichtet." Hubers nüchterne Erkenntnis: „Optisch war also der Widerstand nicht zu dokumentieren. Dieses Thema deswegen nicht oder nur knapp zu behandeln, wäre eine Fälschung der historischen Wirklichkeit gewesen" (Huber 1963/3, S. 181). Auch wenn das Team um Huber nicht zum Re-enactment gegriffen, sondern vor allem an den Originalschauplätzen, wie zum Beispiel der Münchener Universität, also dem Ort, an dem die Geschwister Scholl verhaftet wurden, gedreht hat, ist das Problem damit nachhaltig umrissen. Selbst im Zeitalter der scheinbar totalen Überwachung der Gegenwart ist es beileibe nicht so, dass jeder Vorgang durch eine Live-Kamera dokumentiert wird, dass die Fernsehreporter überall lauern und im Zweifelsfall ein Amateurfilmer seinen Camcorder (oder sein Mobiltelefon mit Kamerafunktion) gezückt hat. Viele politische Entscheidungen fallen vielmehr bis heute hinter den sprichwörtlich verschlossenen Türen und können von neugierigen Kameras lediglich in ihren Konsequenzen dokumentiert werden. Auch diplomatische Vorgänge werden vor der Öffentlichkeit nach wie vor geheim gehalten. In der Regel ebenfalls nicht im Bild dokumentiert sind Spionage-Aktivitäten, die für Geschichtsredaktionen traditionell von großem Interesse sind. Viele andere Handlungen, die despotische und diktatorische Regierungen aus gutem Grund vor ihren Bürgern versteckt halten wollten, wie Verhaftungen, Misshandlungen, Unterdrückungen von Oppositionellen, finden keinerlei oder nur sehr spärlichen Niederschlag im Bildmaterial. Last but not least finden auch viele Erzählungen von Zeitzeugen, die gerade deshalb eine erzählerische und inhaltliche Bedeutung haben, weil sie sehr konkret sind, naturgemäß keine optische Entsprechung.

6.3 Re-enactments in der Geschichte des Dokumentarfilms

Vor dem Problem, Ereignisse entweder gar nicht oder nur unbefriedigend darstellen zu können, standen Dokumentarfilmer schon immer. In den Anfängen des Filmes galten szenische Nachstellungen dabei als ein vollkommen legitimes Mittel. Vollkommen freimütig berichtet der berühmte Dokumentarfilmer Joris Ivens davon, dass er eine Situation in seinem Film „Elend in der Borinage" so dringend zeigen wollte, dass er sie nachinszenierte: Der Film handelt vom Arbeitskampf der Bergarbeiter in der Borinage, einem belgischen Industriegebiet, das damals eines der wichtigsten Steinkohlereviere Europas war.[1] Konnte ein Minenarbeiter seine Miete nicht mehr bezahlen, schickte der Arbeitgeber Polizisten ins Haus des Arbeiters, um dessen Möbel zu konfiszieren. Sobald ein Arbeiter von einer bevorstehenden Aktion Wind bekam, alarmierte er zahlreiche Kollegen, die sich dann im Haus des betroffenen Arbeiters auf die Möbel setzten, auch auf Tische, Betten und den Herd – stundenlang. Die Polizisten mussten unverrichteter Dinge wieder abziehen. „We wanted to show this event in our film", schreibt Ivens in seinem Buch „The camera and I": „and the only way to get it was to re-enact it" (Ivens 1969, S. 90). Während die Bergarbeiter sich selbst spielten, und auch der Schauplatz, das Haus eines betroffenen Arbeiters, „authentisch" war, mietete Ivens Polizeiuniformen. Nur mit Mühe konnte er zwei Bergarbeiter davon überzeugen, sich die verhassten Uniformen überzuziehen und in die Rolle der Polizisten zu schlüpfen. „We made an honest, straight re-enactment of the sit-down action preventing eviction – which

---

[1] „Borinage (Misère au Borinage)", Regie: Henri Storck/Joris Ivens, Belgien 1933.

found a very valuable place in our finished film" – so lautete sein zufriedenes Fazit (Ivens 1969, S. 90). „Elend in der Borinage" ist nur ein Beispiel. Auch andere berühmte Dokumentarfilmer wie Robert J. Flaherty oder Erwin Leiser haben zum Mittel der Inszenierung gegriffen. Noch 1948 sah die World Union of Documentary solche nachgestellten Szenen als ein vollkommen legitimes Mittel an. Erst Ende der 1950er Jahre kamen „Re-enactments" in Verruf, als die Weiterentwicklungen in der Kamera- und Tontechnik die reine Beobachtung gegenwärtigen Geschehens ermöglichte und die Bewegung des „direct cinema" diese Form des Arbeitens zum alleinigen Gegenstand des Dokumentarfilms erhob (vgl. Hißnauer 2011, S. 32 f. und 250). „Seit 1960 ist die Frage des Inszenierens zu einem Prüfstein für den Dokumentaristen geworden", schreibt der Journalist und Autor Wilhelm Roth: „Was bis dahin als Legitimation für einen Dokumentarfilmregisseur ausreichte - dass er seine Stoffe aus der Wirklichkeit nahm, dass er keine *erfundenen* Geschichten erzählte, sondern *gefundene*, dass er die Wirklichkeit so genau wie möglich aufnahm oder rekonstruierte, sie nie bewusst verfälschte -, genügte nun nicht mehr" (Roth 1982, S. 9).

6.4   Das Problem der Authentizität im Re-enactment

Bedenkt man, wie viel Beweiskraft dem Archivbild gerade in einer historischen Dokumentation zukommt (siehe Kap. 5), scheint die von Historikern und Dokumentarfilmern gleichermaßen geforderte konsequente und strikte Unterscheidung von dokumentarischen Aufnahmen und nachgestellten Bildern nicht nur sinnvoll, sondern geradezu unerlässlich. Jede andere Haltung würde die Glaubwürdigkeit des Genres ernsthaft beschädigen. „Die unterschiedlichen Ebenen der Darstellung mit ihrem auch sehr unterschiedlichen Anspruch auf Verbindlichkeit und Entsprechung zu einer historischen Wirklichkeit müssen für den Zuschauer an jeder Stelle erkennbar sein", fordert Beate Schlanstein. In vielen Redaktionen ist es daher üblich, Re-enactments zum Beispiel durch die Einblendung „Szene nachgestellt" kenntlich zu machen.[2]

Dieser absolut ehrenwerten Überlegung steht erfahrungsgemäß die Wahrnehmungsrealität entgegen. Nur wenn das Re-enactment so gemacht ist, dass es sich scheinbar nahtlos in den Erzählfluss des Filmes einfügt, wird es vom Zuschauer im Moment des Sehens nicht als Fremdkörper wahrgenommen. „Bilder funktionieren nur, wenn ihre Betrachter an die Echtheit dessen glauben, was dargestellt wird",

---

[2] z. B. „Was macht Merkel? Die Kanzlerin in der Euro-Krise", Regie: Stephan Lamby, Michael Wech, Deutschland (ARD, WDR, SWR) 2012.

mit diesen griffigen Worten fasst der Historiker Valentin Groebner eine zentrale These des Medienwissenschaftlers Hans Belting zusammen (Groebner 2005;
Belting 2005). Ist das nachinszenierte Material dagegen durch ästhetische Mittel
oder durch eine schriftliche Einblendung eindeutig als Spielszene markiert, dann
beginnt auch der Zuschauer an den Bildern zu zweifeln. Die „gefühlte Authentizität" wird durch die Ehrlichkeit der Filmemacher nicht erhöht, sondern gesenkt.
Um ihre Spielszenen glaubwürdiger zu machen, versuchen viele Regisseure daher
(ähnlich wie bei „Virtuell History: The Secret Plot to Kill Hitler/Die Verschwörung – Das Attentat vom 20. Juli 1944"; siehe Kap. 5.2.),[3] ihren Aufnahmen den
Anschein von Archivmaterial zu geben, in dem sie die Spielszenen nicht im neuesten HD-Videoformat aufnehmen, sondern auf Super8 oder 16 mm-Film drehen.
Manche manipulieren die Bilder auch später im Schneideraum. Viele Effekte wie
Filmschmutz, Laufschrammen oder Bandriefen können heute digital hinzugefügt
werden und lassen das Material „authentisch" aussehen, obwohl es das gar nicht
ist. „Wetter und Geschichte haben gemeinsam, dass sie zunehmend gefühlt werden", stellte der Historiker Rainer Wirtz daher mit einem Anflug von Resignation
fest: Authentizität im Kontext von Filmen sei früher „auch schon einmal echter als
heute" gewesen (Wirtz 2008, S. 187).

6.5   Re-enactments – eine Frage der Qualität!

Gibt es einen Ausweg aus dem Dilemma? Ist es möglich, „gefühlte Authentizität"
und die Ehrlichkeit gegenüber dem Zuschauer miteinander zu verbinden? Welche
Voraussetzungen müssen erfüllt sein, damit Re-enactment „funktioniert" und trotzdem nicht als Verstoß gegen das Authentizitätsversprechen des Dokumentarfilmes
wahrgenommen wird?

Auf den ersten Blick scheinen die beiden Grundfragen der szenischen Rekonstruktion, die Frage der Authentizität und die Frage der Qualität, zwei vollkommen
getrennt voneinander zu betrachtende Probleme zu sein; doch es zeigt sich, dass
sie tatsächlich untrennbar miteinander verbunden sind. Qualität meint dabei jedoch
nicht in erster Linie die Ausstattung, die Kameraarbeit oder die Schauspielführung,
sondern vielmehr das dokumentarische Fundament, auf dem die szenischen Nachstellungen aufbauen. Als Beispiel mag der mit dem Oscar ausgezeichnete Dokumentarfilm „Man on Wire" dienen.[4] Er handelt von dem französischen Seiltänzer

---

[3] „Die Verschwörung – Das Attentat vom 20. Juli 1944 (Virtuell History: The Secret Plot to
Kill Hitler)", Regie David McNab, USA (Discovery Channel) 2004.

[4] „Man on Wire", Regie: James Marsh, UK 2008.

Philippe Petit, der im Jahr 1974 zusammen mit seinen Freunden ohne Genehmi-
gung ein Seil zwischen den Türmen des World Trade Centers in New York gespannt hat, um auf diesem in einer spektakulären Aktion zu laufen. Zwar stand
dem Regisseur James Marsh reichlich Archivmaterial des World Trade Centers und
der seiltänzerischen Übungen von Philippe Petit zur Verfügung. Auch auf spektakuläre Fotos der riskanten Aktion selber konnte Marsh zurückgreifen. Von den
Vorbereitungen jedoch gab es keine Bilder: Mit Krücken getarnt hat Philippe Petit
die Twin-Towers ausgekundschaftet, mit gefälschten Ausweisen hat sich das Team
am Tage der Aktion Zutritt über die Tiefgarage verschafft, unter Zeitdruck und in
ständiger Angst vom Wachschutz entdeckt zu werden, musste das Seil gespannt
werden. All dies wollte der Regisseur ebenfalls erzählen und er griff dafür auf Re-
enactments zurück, die sich vor allem deswegen nahtlos in den Filmfluss einfügen,
weil jede Einstellung durch die Aussage eines der Beteiligten beglaubigt wird. Die
nachinszenierten Bilder belegen und behaupten nichts – sie visualisieren lediglich,
was der Zuschauer auch auf anderem Wege erfährt.

Eine ähnliche Technik hat Heinrich Breloer in seinen Doku-Dramen angewandt
– vor allem in „Todesspiel" über die Rote Armee Fraktion und den sogenannten
Deutschen Herbst.[5] Das dokumentarische Authentizitätsversprechen kann bei diesem Film auch in den fiktionalen Sequenzen aufrechterhalten werden, weil Breloer
durch seine penible Recherche in der Lage ist, beinahe jede Szene dokumentarisch
abzusichern. Bevor Breloer in eine Spielszene einsteigt, breitet er sein dokumen-
tarisches Material aus. Er gibt dem Zuschauer die Informationen, die ihm selber
für die Rekonstruktion zur Verfügung standen. Die Folge ist, dass die gespielte
Szene als logische und plausible Fortsetzung des dokumentarischen Materials erscheint. Es ist eine Phantasie – aber eine Phantasie deren authentische Basis dem
Zuschauer bekannt ist. Auch die Zeitzeugenaussagen sind so montiert, dass sie
die Glaubwürdigkeit der Szene bestärken. In seinem folgenden Werk „Speer und
Er" hat Breloer den Mechanismus teilweise umgedreht. Die dokumentarische Beglaubigung folgt zuweilen erst nach der Spielszene, mit dem Ergebnis, dass die
„gefühlte Authentizität" deutlich herabgesetzt ist.[6]

Ob vor oder nach der Spielszene – Heinrich Breloer hat die Methode der dokumentarischen Absicherung seiner Spielszenen in Deutschland zur Perfektion gebracht und dem Doku-Drama als Genre damit seinen Stempel aufgedrückt. Und
auch wenn die meisten Regisseure historischer Dokumentationen schon aus Zeit-
und Budgetgründen die Detailtiefe seiner Recherche nicht erreichen werden, scheint
mir die dokumentarische Beglaubigung das entscheidende Qualitätskriterium für

---

[5] „Todesspiel", Regie: Heinrich Breloer, 2 Teile, Deutschland 1997.
[6] „Speer und Er", Regie: Heinrich Breloer, 3 Teile, Deutschland 2005.

Re-enactments überhaupt zu sein. *Ohne* diese Beglaubigung können die Nachstellungen, auch wenn sie mit großem finanziellem Aufwand ästhetisch hochwertig erstellt wurden, komplett wertlos sein. *Mit* einer solchen Beglaubigung können auch preiswerte, schauspielerisch minderwertige Spielszenen plötzlich „funktionieren", ohne vom Zuschauer als Fremdkörper oder vom Kritiker als Verstoß gegen das Authentizitätsversprechen wahrgenommen zu werden.

6.6   Re-enactments in der Praxis

In der Praxis der bundesdeutschen historischen Dokumentation gibt es sowohl das von einigen Akteuren als „arme Leute Fernsehen" verschmähte „kleine Re-enactment", als auch das beinahe Spielfilm-Niveau und -Budgets erreichende „große Re-enactment".

Das „kleine Re-enactment" ist in gewisser Weise nur eine Fortentwicklung des „Point of View"-Drehs, der in der dokumentarischen Praxis schon immer eine große Rolle gespielt hat und den Zuschauern einen Blick quasi durch die Augen einer Figur ermöglicht. Es folgt in seiner Handlung in der Regel sehr konkreten Begebenheiten – so, wie sie zum Beispiel von einem Zeitzeugen erzählt werden. In der Regel sind nur Beine (beim Abschreiten von Gängen in Ministerien, Gerichten und anderen Amtsstuben), Hände (beim Unterzeichnen wichtiger Dokumente, beim Bedienen von Fernschreibern, Schreibmaschinen oder Telefonen) oder Augen (beim Betrachten von Fotos, Dokumenten etc.) in Großaufnahme zu sehen. Von großem Vorteil ist es, den Dreh des „kleinen Re-enactments" erst nach den Zeitzeugeninterviews zu legen, um deren subjektive Geschichten möglichst passgenau abbilden zu können und somit eng an der dokumentarischen Basis zu bleiben. Auch durch die Wahl des Ausschnittes ist es möglich, das Bild auf die dokumentarisch verbürgten Bestandteile zu beschränken. Das „kleine Re-enactment" hat den weiteren Vorteil, dass es preiswert herzustellen ist. Für die Aufnahmen werden in der Regel keine ausgebildeten Schauspieler, sondern lediglich Kleindarsteller verpflichtet; aber auch Regisseure, Tontechniker oder Aufnahmeleiter mussten schon ihre darstellerischen Qualitäten beweisen. Die benötigten Utensilien und Kostüme muss sich der Regisseur meistens selber in einem Kostüm- und Requisitenfundus, wie etwa dem aus dem DDR-Fernsehen hervorgegangenen Fundus in Berlin-Adlershof, zusammensuchen. Gegen eine zusätzliche Gebühr ist es dort zum Beispiel auch möglich, sich eine kleine Ecke mit den vorhandenen Möbeln und Utensilien einrichten und das Re-enactment direkt vor Ort zu drehen (http://www.fundus-adlershof.de). Vergleichbare Orte gibt es auch in München, Hamburg, Köln (https://www.fundusonline.de) und Leipzig (http://www.mdrfundus.de).

Bedeutend teurer und schwieriger herzustellen ist das „große Re-enactment".
Je totaler die Kameraeinstellungen werden, desto höher werden auch die Anforderungen an den Drehort, die Ausstattung und die schauspielerische Qualität. Mit
dieser Art der Nachinszenierung ist ein Dokumentar-Regisseur meist überfordert;
er kommt plötzlich mit Gewerken in Kontakt, deren Arbeitsweisen ihm nur ru-
dimentär bekannt sind: Ausstatter, Bühnen- und Maskenbildner, Location-Scouts,
Regie-Assistenten, Schauspieler.

Wünscht eine Redaktion ein in diesem Sinne „großes Re-enactment", werden
den Dokumentar-Regisseuren daher gerne Spielszenen-Regisseure an die Seite gestellt. Eine solche Partnerschaft entlastet den Dokumentar-Regisseur zweifellos –
sie hat jedoch einen entscheidenden Nachteil: In der Regel ist es der Dokumentar-
Regisseur, der durch seine Recherche, insbesondere das Betrachten der Fotos und
das Sichten des Archivmaterials, ein ihm selbst nicht immer bewusstes Wissen
über Umstände, Atmosphäre, Gewohnheiten, Bewegungsabläufe und Kleidungs-
stil angeeignet hat. Beim Transfer auf den Spielszenen-Regisseur droht dieses, für
die Glaubwürdigkeit der Szene existentielle Wissen verloren zu gehen. Mit Blick
auf das Budget und die begrenzten Möglichkeiten werden beim „großen Re-enactment" zudem oft pragmatische Kompromisse in Bezug auf Requisite und Ausstattung eingegangen. Im Schneideraum kommt dann das Erwachen: Ein General sitzt
vorne im Auto, obwohl er hinten sitzen müsste; der Haarschnitt eines Soldaten ist
nicht kurz genug; die Ausstattungsdetails sind nicht genau genug auf die historischen Fotos und Dokumente abgestimmt etc. Anders als Heinrich Breloer, dessen
Szenen so genau recherchiert waren, dass er sie entsprechend dokumentarisch beglaubigen konnte, findet sich der Regisseur dann in der fatalen Lage wieder, die
Ungenauigkeit der Spielszenen durch die Art des Schnittes überdecken zu müssen,
sie beispielsweise so schnell zu schneiden, dass die Fehler nicht auffallen oder
sie nicht mit Archivmaterial in Verbindung zu bringen, wodurch die Fehler des
Re-enactments offensichtlich würden. Ungenauigkeit in der szenischen Inszenierung macht eine Genauigkeit im Schnitt somit unmöglich und die Glaubwürdigkeit
der Szene leidet dramatisch. So intensiv wie möglich sollte also der Spielszenen-
Regisseur in die Recherche eingebunden werden. Und auch der Dokumentar-Regisseur sollte an allen Besprechungen mit den Ausstattern und Requisiteuren teilnehmen dürfen und bei allen fiktionalen Drehs am Set sein – selbst wenn dies zu
Konflikten und Kompetenzstreitereien mit dem Spielszenen-Regisseur führt. Dem
steht wiederum das oft zu knappe Budget entgegen. Da die Trennung in einen Do-
kumentar- und einen Spielszenen-Regisseur meist auch dazu führt, dass das vorge-
sehene Regie-Honorar geteilt wird, sehen sich Dokumentar-Regisseure oft nicht in
der Lage, sich auch in den Dreh der Spielszenen so intensiv einzubringen, wie dies
eigentlich nötig wäre – und umgekehrt. Solange dies nicht geändert wird, werden

die Re-enactments im bundesdeutschen Fernsehen auch weiterhin vor allem an der mangelnden Sorgfalt und Qualität in Bezug auf die dokumentarische Absicherung kranken – und trotz ihrer Unverzichtbarkeit umstritten bleiben. Da das „große Re-enactment" ohnehin das Budget einer historischen Dokumentation vervielfacht, ist eine Besserung kaum zu erwarten.

Literatur

Hans Belting: Das echte Bild, München 2005 (Belting 2005).
Valentin Groebner: NZZ, 28. 12.2005 (Rezension von Belting 2005) (Groebner 2005).
Christian Hißnauer: Fernsehdokumentarismus. Theoretische Näherungen, pragmatische Abgrenzungen, begriffliche Klärungen, Konstanz 2011 (Hißnauer 2011).
Heinz Huber: Die Zeitgeschichte auf dem Bildschirm (Teil 3), in: Fernsehinformationen Heft 8, Jg. 1963, S. 181–184 (Huber 1963/3).
Joris Ivens: The camera and I, New York 1969 (Ivens 1969).
Wilhelm Roth: Der Dokumentarfilm seit 1960, München und Luzern 1982 (Roth 1982).
Beate Schlanstein: Echt wahr! Annäherungen an das Authentische, in: Thomas Fischer, Rainer Wirtz (Hrsg.): Alles authentisch? Popularisierung der Geschichte im Fernsehen, Konstanz 2008, S. 205–225 (Schlanstein 2008).
Rainer Wirtz: Das Authentische und das Historische, in: Thomas Fischer und Rainer Wirtz (Hrsg.): Alles authentisch? Popularisierung der Geschichte im Fernsehen, Konstanz 2008, S. 187–203 (Wirtz 2008).

Filmografie

„Die Verschwörung – Das Attentat vom 20. Juli 1944 (Virtual History: The Secret Plot to Kill Hitler)", Regie David McNab, USA (Discovery Channel) 2004.
„Borinage (Misère au Borinage)", Regie: Henri Storck/Joris Ivens, Belgien 1933.
„Man on Wire", Regie: James Marsh, UK 2008.
„Speer und Er", Regie: Heinrich Breloer, 3 Teile, Deutschland 2005.
„Todesspiel", Regie: Heinrich Breloer, 2 Teile, Deutschland 1997.
„Was macht Merkel? Die Kanzlerin in der Euro-Krise", Regie: Stephan Lamby, Michael Wech, Deutschland (ARD, WDR, SWR) 2012.

Der Originalschauplatz

7

7.1 Der „genius loci": Originalschauplätze als Beweis und als Brücke in die Vergangenheit

Die Vorstellung, dass es einen „genius loci" gibt, stammt aus der Antike. Der Begriff selber hat viele Umdeutungen erfahren und ist heute vor allem in der Kunstgeschichte und Architektur geläufig, doch auch für Dokumentarfilmer hat der Begriff eine große Bedeutung.

Originalschauplätze sind oftmals kollektive Erinnerungsorte, an denen sich Mythen festmachen und die eine symbolische Bedeutungsaufladung erfahren haben: Die Tür der Schlosskirche in Wittenberg, der Kyffhäuser, das Reichsparteitagsgelände in Nürnberg, der Führerbunker, das Vernichtungslager Auschwitz, die Berliner Mauer, die Brücke an der Bornholmer Straße, das Gefängnis Stuttgart-Stammheim, die Startbahn-West am Frankfurter Flughafen – um nur einige Beispiele zu nennen. Während Archivmaterial den Geist der Zeit darstellt, spürt der Dreh am Originalschauplatz also dem „Geist des Ortes" nach.

Zugleich ist der Originalschauplatz für Autoren historischer Dokumentationen von ganz konkreter Bedeutung. Ein in der Gegenwart aufgenommenes Filmbild vom Originalschauplatz ist ganz schlicht ein Beweis, dass es diesen Ort wirklich gibt: Die Vernichtung der europäischen Juden zu leugnen, ist schwerer, wenn man die Baracken von Auschwitz gesehen hat; eine Flucht durch einen Tunnel unter der Berliner Mauer erscheint glaubwürdiger, wenn man diesen Tunnel wirklich zeigen kann. Auch Stimmungen können durch einen Ort transportiert werden: der Bunker, der der Bundesregierung und einem bundesdeutschen Rumpfparlament Schutz bieten sollte, ist Zeugnis der Angst vor dem Atomtod im Kalten Krieg und vermittelt ein Gefühl der Beklemmung und Absurdität. Ein Großteil der Legenden, die sich um die Mondlandung gebildet haben, mag damit zu tun haben, dass es keine Möglichkeit gibt, diesen Originalschauplatz zu besuchen – und dort zu drehen!

© Springer Fachmedien Wiesbaden 2015
J. N. Lorenzen, *Zeitgeschichte im Fernsehen,* Praxiswissen Medien,
DOI 10.1007/978-3-658-09944-2_7

Ebenso wie Archivmaterial sind Bilder von Originalschauplätzen somit Teil der „Authentifizierungsstrategie" der historischen Dokumentation. „Original" erhalten sind Originalschauplätze dabei praktisch nie. Kein Ort sieht nach 150, 100, 50 oder auch nur 10 Jahren noch genau so aus wie „damals." Je stärker der Ort sich verändert hat, desto schwieriger wird die vom Zuschauer zu erbringende Transferleistung. Doch selbst wenn massive Veränderungen stattgefunden haben, selbst wenn das Bauwerk gar nicht mehr vorhanden ist, kann der Originalschauplatz helfen, eine Geschichte zu „verorten".

Die Erhaltungszustände lassen sich grob in fünf Kategorien einteilen: 1) Vergessene Orte, die zu Ruinen geworden sind. 2) Museale Orte, die pädagogisch überformt wurden, wie etwa Gedenkstätten. 3) Orte, die noch immer im ursprünglichen Zusammenhang genutzt werden. 4) Orte, die heute vollkommen anders genutzt werden. 5) Verschwundene und gezielt vernichtete Orte. Alle fünf Erhaltungszustände bieten unterschiedliche Ansatzpunkte für den Dreh und konfrontieren Regisseur und Kameramann einer historischen Dokumentation mit unterschiedlichen Herausforderungen.

7.2   Ruinen und Reste

Beinahe der Idealzustand ist für Kameramann und Regisseur der vergessene Ort, die Ruine. Abblätternde Farbe, Mauerrisse, einstürzende Decken, Reste der ursprünglichen Nutzung wie zurückgebliebene Möbel, überhaupt alle Zeichen des Verfalls sind willkommene Veränderungen, die es einem Zuschauer gleichermaßen ermöglichen, die vergangene Zeit abzulesen, als auch Architektur, Dimension und Bedeutung eines Ortes zu erfassen. Veränderungen, die nur die Zeit vorgenommen hat, sind selbsterklärend und irritieren den Zuschauer nicht. Etwaige Beschränkungen der Dreharbeiten betreffen in der Regel nur die Sicherheit der Teammitglieder. Ein solcher Ort ist zum Beispiel der ehemalige Führungsbunker der NVA in Strausberg bei Berlin, in dem in mehreren Etagen Tiefe die Schreibtische, Kartenwände und Telefone der Einsatzleitung, durch die Feuchtigkeit teilweise von dicken Schimmelschichten überdeckt, vor sich hin gammeln. Auch der als KdF-Urlauberheim errichtete und später als NVA-Kaserne genutzte Gebäuderiegel in Prora auf Rügen ist in weiten Teilen ein solcher Ort. Das Gebäude ist schlicht zu groß, um es vollständig neu zu nutzen und so sind viele Gänge und Flure, viele Zimmern und Kammern nur einer dumpfen Zerstörung durch Partys feiernde Jugendliche, aber keiner zielgerichteten Veränderung oder einem bewussten Deutungsversuch ausgesetzt gewesen.

Es ist als absoluter Glücksfall zu betrachten, wenn man eine solche „Ruine" vorfindet, denn oft ist der Zustand nicht von langer Dauer. Manche historische Dokumentation fasziniert noch Jahrzehnte nach ihrer Entstehung, weil sie unabhängig von der erzählten Geschichte den Zustand eines Ortes dokumentiert. So sind Alain Resnais Mitte der fünfziger Jahre bei den Dreharbeiten zu seinen Film „Nacht und Nebel" unwiederbringliche Aufnahmen des Lagers Auschwitz-Birkenau, das damals noch weitgehend unbeachtet vor sich hin gammelte, gelungen.[1] In den neunziger Jahren waren zumindest Teile der in den Kohnstein getriebenen Stollen des KZ-Nordhausen, in denen Häftlinge die „Vergeltungswaffen" V1 und V2 bauen mussten, ohne bewusst und in Deutungsabsicht herbeigeführte Veränderungen. Reste der V1 oder V2-Triebwerke lagen achtlos in den halbabgesoffenen Stollen – und machten eindrucksvolle Aufnahmen möglich.[2]

Ein Sonderfall ist das Trümmerdorf Oradour-sur-Glane, in dem die Waffen-SS am 10. Juni 1944 ein Massaker an der Zivilbevölkerung beging, dem 642 Einwohner zum Opfer fielen. Bereits 1946 wurde entschieden, den Ort des Massakers zum historischen Denkmal zu erklären. Es gibt Hinweistafeln, es gibt ein Informationszentrum – doch abgesehen davon sind die Ruinen und andere Überbleibsel sich selbst überlassen: ein zerbeultes Auto, ein rostendes Fahrrad, die Ruinen der Häuser. Mit diesen Bildern beginnt zum Beispiel die dritte Folge der ARD-Reihe „Die Waffen-SS".[3]

7.3   Museale Orte und Gedenkstätten

Deutlich problematischer als Ruinen sind für den Regisseur und Kameramann Gedenkstätten und museale Orte. Weil es ihr Auftrag ist, die Vergangenheit pädagogisch nutzbar zu machen, greifen die Gedenkstättenpädagogen in der Regel gezielt in die Gestaltung ein und verändern damit den ursprünglichen Charakter eines historischen Ortes massiv. Überall finden sich Hinweisschilder, Erklärungstafeln; alles wird kontextualisiert und kommentiert. Die Originalräume werden nicht einfach der Zeit überlassen, sondern als Ausstellungsräume hergerichtet, in denen nur noch Teile des originalen Inventars vorzufinden sind. Dieses wiederum wird aufbereitet, bevor es dem Museumsbesucher präsentiert werden kann. Besonders

---

[1] „Nacht und Nebel (Nuit et brouillard)", Regie: Alain Resnais, Frankreich 1955.

[2] Z. B. in den Filmen: „Von der Hölle zu den Sternen", Regie: Jürgen Ast, Deutschland (MDR) 1993; „Bis die Russen kamen... Kriegsende in Mitteldeutschland", Regie: Kurt Tetzlaff, Deutschland (MDR, SFB) 1995.

[3] „Die Waffen-SS", Teil 3: Hitlers letztes Aufgebot/Regie: Sebastian Dehnhardt, Deutschland (ARD, MDR) 1998.

deutlich sind die Eingriffe bei KZ-Gedenkstätten. In der Gedenkstätte Neuengam-
me wurde der Verlauf des (nicht mehr vorhandenen) Lagerzauns mit Edelstahlstä-
ben „nachgesteckt." In der Gedenkstätte Pirna-Sonnenstein werden die (nicht mehr
vorhandenen) Tötungseinrichtungen im Keller durch künstlerische Installationen
nachempfunden. Im ehemaligen KZ-Mittelbau-Dora dominiert seit 2005 ein mas-
siver Ausstellungsncubau die Wahrnehmung des Lagergeländes.

   Nur in Ausnahmefällen ist eine historische Dokumentation in der Lage, sich mit
diesen Interpretationen und Überformungen des historischen Ortes auseinanderzusetzen oder diese in die Darstellung zu integrieren – und zwar vollkommen unabhängig davon, ob es sich um die Gestaltungsversuche eines lokalen Geschichts-
vereins oder um die Bemühungen professioneller Gedenkstättenpädagogik handelt. Das liegt zum einen daran, dass die von den Gedenkstätten vorgenommenen
Kommentierungen vom Zuschauer nur dann erfasst werden können, wenn der
Filmkommentar sie übernimmt oder auf sie hinweist. Es entsteht damit eine Konkurrenz zwischen den Kommentierungen der Museumspädagogen und denen, die
der Regisseur selber vornehmen möchte. Zum anderen erzählt eine historische Dokumentation nur selten den Ort an sich, viel öfter aber eine konkrete Geschichte,
die sich an diesem Ort zugetragen hat. Der Ort ist also ein Schauplatz, mit dem der
Regisseur am liebsten nach seinen eigenen dramaturgischen Gesichtspunkten umgehen möchte. Erzählt etwa ein Zeitzeuge, wie er nach einer Verhaftung durch die
Stasi ins berüchtigte Gefängnis Berlin-Hohenschönhausen gebracht wurde, könnte
ein Regisseur geneigt sein, diese Verhaftung durch einen subjektiven Gang mit der
Kamera von der „Schleuse" über den Raum, in dem die „Leibesvisitation" statt-
fand, den Ort der „erkennungsdienstlichen Behandlung" bis in den „Verwahrraum"
optisch nachzuvollziehen und das vom Zeitzeugen geschilderte Gefühl der Ohn-
macht und Orientierungslosigkeit dem Zuschauer nahezubringen. Alle Kommentierungen, Hinweisschilder o.ä., die eine Gedenkstätte auf diesem Weg des Unter-
suchungshäftlings aufgestellt und angebracht hat, behindern und stören dieses Ein-
tauchen in die subjektive Gefühlswelt des Zeitzeugen. Regisseur und Kameramann
werden daher versuchen, die durch die Museumspädagogen vorgenommenen
Kommentierungen optisch beiseite zu schaffen, oder zumindest durch die Wahl der
Kameraperspektive aus dem Bild zu verbannen. Die erste Frage an die Verantwortlichen in einer Gedenkstätte ist daher oft, ob dieses oder jenes Schild abgedeckt
oder abgeschraubt werden darf, ob Absperrungen durch Kordeln oder Glasschei-
ben für die Dauer der Dreharbeiten beseitigt werden dürfen. Gedenkstättenmacher
empfinden dieses Vorgehen nicht selten als übergriffig und pietätlos, sowohl dem
historischen Ort als auch der musealen Inszenierung gegenüber. Ihre Aufgabe ist
es, die Würde eines Ortes zu bewahren. Verantwortliche von KZ-Gedenkstätten
etwa sehen die ihnen anvertrauten Orte als „Friedhöfe" an, auf „denen eine große

Zahl von Opfern beerdigt" sei (Lutz 2009). Diese Friedhöfe dürften nicht „profa-
nisiert" werden, meint zum Beispiel Volkhard Knigge, der Leiter der KZ-Gedenk-
stätte Buchenwald (zit. n. Zekri 2010). Ähnliches gilt für die Leidensorte der Opfer
des SED-Regimes, wie das Stasi-Gefängnis Berlin Hohenschönhausen. Für Spiel-
filmproduktionen wird an diesen Orten eine Drehgenehmigungen meist gar nicht
mehr oder nur nach sorgfältiger Prüfung des Drehbuches erteilt. „Man kann und
sollte so einen Platz nicht seiner Würde berauben und zur Kulisse umwandeln",
hieß es beispielsweise zur Begründung, als der Hollywood-Produktion „Operation
Walküre" die Drehgenehmigung im Bendlerblock versagt wurde. Erst auf Druck
aus dem Kanzleramt wurde eine Drehgenehmigung dann doch erteilt. Ähnliche
Probleme gab es auch bei „Schindlers Liste". Als Regisseur Steven Spielberg die
Drehgenehmigung am Originalschauplatz Auschwitz-Birkenau verweigert wurde,
griff er zu einem Trick: er drehte kurzerhand auf der äußeren Seite des Zaunes –
und konnte ihn damit als „originale" Kulisse nutzen (vgl. Zekri 2010). Unmissver-
ständlich heißt es auch auf der Internetseite der Gedenkstätte Hohenschönhausen:
„Für fiktive oder andere Darstellungen, bei denen der Haftort Hohenschönhausen
lediglich als Kulisse fungiert, wird keine Drehgenehmigung erteilt."[4]

Noch gelten diese pauschalen Drehverbote nicht für Dokumentationen, da die
anreisenden Crews kleiner sind, weniger zerstörerisch arbeiten und insgesamt kon-
trollierbarer agieren. Doch je stärker auch in Dokumentationen inszeniert wird,
je vehementer in den Drehort eingegriffen wird, desto größer werden die Vorbehalte. Dazu kommt der Wunsch, das Ergebnis im Sinne des Bildungsauftrages
der Gedenkstätte zu kontrollieren. Die Stiftung Gedenkstätte Hohenschönhausen
etwa behält sich eine „inhaltliche und logistische Prüfung" vor, und weist darauf
hin, dass das geplante „Film-oder Fotoprojekt" die „Gefühle der früher in Berlin-
Hohenschönhausen Inhaftierten nicht verletzen" dürfe.[5] Für Dokumentarfilmer,
die auf ihre journalistische Unabhängigkeit bedacht sind, sind derartige, auf dem
Hausrecht basierende Zensurvorgänge besonders an Orten, die wie die Gedenkstätte Berlin-Hohenschönhausen unter öffentlicher Trägerschaft stehen, freilich nur
schwer zu akzeptieren.

Bei allen Problemen: Der Dreh am Originalschauplatz ist durch nichts zu ersetzen. Dokumentarfilmer sind auf das Wohlwollen und den möglichst unbeschränk-
ten Zugang zu Gedenkstätten angewiesen. Sie sollten daher auch die Perspektive
der Gedenkstättenmacher respektieren und – um das ohnehin fragile Verhältnis
nicht unnötig zu belasten – wo immer möglich Rücksicht nehmen. Bevor darum
gebeten wird, Schilder abschrauben und Hinweistafeln beiseite räumen zu dür-

---

[4] http://www.stiftung-hsh.de/document.php?cat_id=CAT_201&special=0.
[5] http://www.stiftung-hsh.de/document.php?cat_id=CAT_201&special=0.

fen, sollten Regisseur und Kameramann versuchen, Perspektiven zu finden, die die
stattgefundene Musealisierung ohne größere Umbauten unsichtbar werden lassen.

7.4 Orte, die noch immer im ursprünglichen Zusammenhang genutzt werden

Von ganz anderer Problematik als Gedenkstätten sind für den Regisseur historischer Dokumentationen diejenigen Orte, die keine oder wenig Historisierung erfahren haben und heute immer noch im ursprünglichen Zusammenhang genutzt
werden. Dies sind zunächst einmal die Orte des täglichen Lebens wie Flughäfen,
Bahnhöfe, Hafenanlagen, Autobahnen oder Markthallen. Bei einer historischen
Dokumentation über die Seefahrt in der DDR wäre der Hafen Rostock ein in Betracht zu ziehender Drehort. Bei einer historischen Dokumentation über die Geschichte der Einwanderung in die Bundesrepublik Deutschland könnte der Bahn-
hof Köln-Deutz, wo im September 1964 der Portugiese Armando Rodrigues de Sá
zum millionsten Gastarbeiter der Bundesrepublik Deutschland auserkoren wurde,
ein lohnendes Motiv sein. Des Weiteren zählen viele öffentliche Gebäude in die
Kategorie der immer noch im ursprünglichen Zusammenhang genutzten Gebäude,
also Gerichte, Gefängnisse, Kasernen, Kirchen, Universitäten. Das Gefängnis in
Berlin-Moabit, wo Ernst Thälmann und Karl Liebknecht, aber auch Horst Mahler,
Andreas Baader, Erich Mielke und Erich Honecker inhaftiert waren, ist solch ein
bis in unsere Zeit kontinuierlich genutzter und zugleich historischer Ort. Dasselbe gilt für den Ausgangspunkt der berühmten Montagsdemonstrationen im Herbst
1989, die Nikolaikirche in Leipzig. Auch das Hauptgebäude der Ludwig-Maximi-
lians-Universität in München, in dem am 18. Februar 1943 die Geschwister Scholl
bei der Verteilung von Flugblättern entdeckt und verhaftet wurden, wird, bei allen
Veränderungen und Modernisierungen, die die Universität erfahren hat, noch immer im ursprünglichen Sinne für Vorlesungen genutzt.

  In Ländern, deren Geschichte stärker als die deutsche von Kontinuitäten geprägt ist, müssen auch Ministerien, Amtssitze von Präsidenten, Königen und anderen Herrschern zu dieser Kategorie „Originalschauplatz" gerechnet werden.
Während der Deutsche Bundestag in seiner erst gut 65-jährigen Geschichte bereits
mehrmals umgezogen und mit dem Bonner „Wasserwerk" wenigstens einen Originalschauplatz als Kulisse hinterlassen hat, tagt das britische Parlament seit 1707
im Palace of Westminster. Das Weiße Haus in Washington ist seit 1800 offizieller
Amtssitz des US-Präsidenten. Auch die Prager Burg und der Moskauer Kreml sind
als immer noch im ursprünglichen Zusammenhang genutzte „Originalschauplätze"
historischer Vorgänge zu betrachten.

Lebendige, belebte Orte wie die oben beschriebenen, werden von Dokumentarfilmern grundsätzlich begrüßt, denn die bis in die Gegenwart andauernde Verwendung lässt Assoziationen zu den damaligen Vorgängen zu; ob dies nun Zugabfahrten, Verladetätigkeiten, bürokratische Vorgänge oder politische Entscheidungen sind. Die Schwierigkeit besteht allerdings meist darin, überhaupt eine Drehgenehmigung zu bekommen. Im Weißen Haus ist daran ebenso wenig zu denken, wie etwa im Gebäude, welches das russische (ehemals sowjetische) Außenministerium beherbergt. Auf dem Gelände des NATO-Hauptquartiers ist lediglich eine einzige Kameraperspektive erlaubt; an einen Blick in Flure und Büros ist nicht zu denken. Ähnliches gilt auch für das State-Department in Washington. Es ist daher kaum möglich, zentrale Entscheidungsvorgänge des Kalten Krieges mit Hilfe von neu gedrehten Bildern der Räume, in denen diese Entscheidungen gefallen sind, zu erzählen. Der vermeintliche Vorteil des immer noch genutzten, lebendigen Ortes gegenüber dem ungenutzten, leblosen Ort, verkehrt sich so ins Gegenteil.

In Gefängnissen, die heute noch genutzt werden, steht zwar der Geheimnisschutz und die Sicherheit nicht so stark im Vordergrund, dafür verhindert das Persönlichkeitsrecht der Insassen, dass sich Filmemacher frei bewegen können. Hier hängt viel vom Wohlwollen der jeweiligen Gefängnisleitung ab. Dreharbeiten werden oft nur unter der Auflage gestattet, dass keine Häftlinge oder keine Gesichter von Häftlingen gezeigt werden (wie bei dem Film über das Gefängnis Stuttgart Stammheim aus der ARD-Reihe „Geheimnisvolle Orte"[6]).

Während Auflagen, die Privatsphäre von Häftlingen zu beachten und deren Anonymität zu wahren, absolut verständlich sind, erhält man bei manchen Anfragen zuweilen allerdings den Eindruck, das Persönlichkeitsrecht werde vorgeschoben, um unerwünschte Dreharbeiten zu verhindern: Die Verwaltung des Internationalen Handelszentrums (IHZ) in der Berliner Friedrichstrasse, in den 1980er Jahren Sitz dem DDR-Devisenbeschaffer Schalck-Golodkowski unterstehenden Waffenhandelsfirma IMES GmbH, wollte mir zum Beispiel die Drehgenehmigung im Haus unter Hinweis auf das Persönlichkeitsrecht der derzeitigen Mieter verweigern – geholfen hat ein Brief an die Berliner Senatsverwaltung.

Ohne Probleme verläuft die Erteilung einer Drehgenehmigung in der Regel bei Bahnhöfen, Flughäfen oder Häfen. Während Pressestellen den investigativen Journalisten fürchten, werden Drehgenehmigungen für historische Dokumentationen in der Regel gerne erteilt. Zuweilen macht die jeweiligen Betreibergesellschaft (z. B. DB-AG, Fraport-AG, Hafen-Entwicklungsgesellschaft Rostock mbH etc.) jedoch Sicherheitsbedenken geltend, wenn auf Werften, Rollfeldern von Flughä-

---

[6] „Geheimnisvolle Orte: Das Stammheimer Gefängnis", Regie: Ingo Helm, Deutschland (ARD, SWR) 2014.

fen, Gleisanlagen auf Bahnhöfen oder in Bergwerken gedreht werden soll, mit der Folge, dass dem Kamerateam für die Dauer der Dreharbeiten ein für die Sicherheit verantwortlicher Mitarbeiter an die Seite gestellt wird.

7.5   Orte, die heute vollkommen anders genutzt werden

Ein großes Problem stellen Orte dar, deren heutige Nutzung in keinem Zusammenhang mehr mit der im Filmbeitrag zu thematisierenden Vergangenheit steht. In der Regel sind die vorgenommenen Umbauten an solchen Orten so groß, dass es kaum noch möglich ist, den „genius loci" zu erfassen. Anders als bei einer Ruine, sind die Veränderungen nicht mehr selbsterklärend. Die modernisierten Räume können in der Folge nicht mehr mit den damaligen Vorgängen verbunden werden. Die vom Zuschauer zu erbringende Transferleistung wird zu groß. Auch dazu einige Beispiele: In dem Berliner Gebäude, in dem von 1946 bis 1959 das Politbüro der SED tagte, befindet sich heute ein elitärer Privatclub. Seit dieser Modernisierung lassen die Innenräume eine auch nur assoziative Annäherung an den Ort, von dem aus die Stalinisierung der DDR Anfang der fünfziger Jahre vorangetrieben wurde, nicht mehr zu. Das Erich Ollenhauer Haus im Bonner Regierungsviertel, von 1975 bis 1999 die Parteizentrale der SPD, wird heute u. a. von einem Marktforschungsinstitut als Telefonzentrale genutzt. Als Drehort, um Debatten aus der Nachkriegsgeschichte der SPD nach zu zeichnen, taugt es nicht mehr.

Steht genügend Archivmaterial von den Vorgängen am und im historischen Ort zur Verfügung, ist es oft die beste Lösung, sich mit einigen Außeneinstellungen zu begnügen, mit diesen die „Verortung" vorzunehmen, ansonsten aber auf das Archivmaterial zu vertrauen. Steht auch dieses nicht zur Verfügung, ist ein filmischer Umgang mit dem Ort unmöglich, die entsprechenden historischen Dokumentationen sind fast zwangsläufig kraftlos. Ein Film über die „Grüne Hölle", den geschlossenen Jugendwerkhof in Torgau, wirkt trotz hoch emotionaler Erlebnisse der dort einsitzenden Jugendlichen unbefriedigend, weil nicht nur Archivmaterial fehlt, welches die Erlebnisse der Jugendlichen beglaubigen könnte, sondern weil auch der Ort selber verschwunden ist. Lange musste man den Eindruck haben, dass der Ort von der Stadt Torgau absichtlich unkenntlich gemacht wurde, um sich dieser unliebsamen Vergangenheit stillschweigend zu entledigen, bis 2009 wenigstens eine kleine Gedenkstätte errichtet wurde (www.jugendwerkhof-torgau.de). In den eigentlichen Gebäuden befinden sich heute Wohnungen.

7.6   Gezielt vernichtete Orte

Vollkommen andere Probleme ergeben sich an Originalschauplätzen, die es nicht mehr gibt, weil sie gezielt vernichtet wurden. Der Gebäudekomplex der Neuen und Alten Reichskanzlei in der Berliner Voßstraße wurde, als eines der zentralen Symbole der Macht Hitlers, von 1949 bis 1953 auf Befehl der Sowjetischen Kontrollkommission abgetragen. Der Berghof, das Landhaus Adolf Hitlers am Obersalzberg, wurde 1952 auf Veranlassung des Freistaats Bayern gesprengt und das Gelände aufgeforstet. Auch das Kriegsverbrechergefängnis in Spandau, in dem die Hauptkriegsverbrecher des Zweiten Weltkriegs ihre Haftstrafen verbüßten, wurde nach dem Tod des letzten Häftlings 1987 abgerissen. Das Gefängnis solle nicht zum Wallfahrtsort für Neonazis werden, hieß es zur Begründung. Auch viele historische Orte der DDR sind der Abrissbirne zum Opfer gefallen. Der Palast der Republik, u. a. Sitz der DDR-Volkskammer, wurde nach einem entsprechenden Beschluss des Deutschen Bundestags von Anfang Februar 2006 bis Anfang Dezember 2008 abgetragen.

Bei den meisten gezielt vernichteten Orten handelt es sich um symbolisch in hohem Maße aufgeladene Gebäude, bei denen Abriss oder Sprengung ebenfalls als ein symbolischer Akt empfunden und entsprechend dokumentiert wurde: Der Abriss des Spandauer Kriegsverbrechergefängnisses im Jahr 1987 ist ausgiebig fotografiert worden. Die Sprengung der Leipziger Universitätskirche auf Beschluss der SED im Jahr 1968 ist eindrucksvoll im Film festgehalten. Mit Hilfe solcher Archivbilder kann die Leerstelle, die die fehlende Möglichkeit, am Originalschauplatz zu drehen, in einer historischen Dokumentation hinterlässt, zumindest erklärt werden. Zudem sind die Orte selber während ihrer Existenz meist ausgiebig auf Zelluloid gebannt worden. Eine eindrucksvolle Möglichkeit des Umgangs mit den vernichteten Originalschauplätzen besteht dann gerade darin, den Kontrast zwischen dem damaligen und dem gegenwärtigen Bauzustand aufzuzeigen. Die Dokumentation „Hitlers Reichskanzlei" aus der ARD-Reihe „Geheimnisvolle Orte" etwa spielt mit diesem Gegensatz. Wie ein Vorhang schiebt sich das Archivmaterial der Reichskanzlei vor die Stelen des Holocaust-Mahnmals und die Plattenbaufassaden aus DDR-Zeiten, die heute die Wilhelmstrasse in Berlin dominieren.[7]

---

[7] „Geheimnisvolle Orte: Hitlers Reichskanzlei", Regie: Jürgen Ast, Kerstin Mauersberger, Deutschland (ARD, RBB) 2012.

7.7   Haltungen am Drehort: Distanz und Banalität/ Emotionen und Subjektivität

Es ist oft beobachtet worden (und Thema vieler Fotografie-Lehrbücher), dass zwei Fotografen von demselben Motiv mit vollkommenen unterschiedlichen Fotos zurückkommen: Plattenbauten können als kleinbürgerliches Idyll oder als menschenunwürdige Schlafsilos abgebildet werden; ein Nazi-Bauwerk kann als einschüchterndes Symbol der Macht oder als lächerlicher Ausdruck von Größenwahn dargestellt werden. Die entscheidende Frage ist also immer: was möchte ich als Regisseur zeigen; mit welcher Haltung bewege ich mich am Originalschauplatz? Geht es mir darum, die Bedrohlichkeit eines Ortes (etwa der Stasi-Zentrale in Berlin-Lichtenberg) herauszustellen, die Dimension einer Anlage (etwa eines KZ) zu verdeutlichen, oder die Gefühle eines Protagonisten (etwa Angst in einem Luftschutzbunker) nachvollziehbar zu machen? Ist es das Ziel, die am Originalschauplatz neu gedrehten Bilder im Schnitt mit Archivmaterial zu kontrastieren, um von Zerstörung, Verfall oder Wiederaufbau zu erzählen, oder geht es darum, die Bilder mit einer Zeitzeugenaussage zu einer in sich konsistenten, nachvollziehbaren Geschichte zu verweben? Nur wenn es einem gelingt, diese Fragen für sich zu beantworten, hat man eine Chance, mit Aufnahmen zurückzukommen, die sich von den üblichen Abbildungen auf Postkarten oder in Reiseführern unterscheiden.

In der Eingangssequenz von „Land der Vernichtung" schreitet Romuald Karmakar quälend lange den Zaun eines Vernichtungslagers in Südpolen ab, um die Dimension des Geländes deutlich zu machen.[8] Im Zentrum des Filmes „Alltag einer Behörde" steht eine minutenlange Kamerarückfahrt durch einen Flur im Vernehmertrakt des Gefängnisses Berlin-Hohenschönhausen. Nach und nach kommen immer mehr der gepolsterten (schallisolierten) Türen ins Bild, bis schließlich der Eindruck einer Geständnisproduktionsanlage und Verhörfabrik entsteht.[9] Im bereits angesprochenen KdF-Bad auf Prora, das nach Gründung der DDR von der NVA als Kasernengelände genutzt wurde, musste der Kameramann mit einer Steady-Cam die Treppen rauf- und runterlaufen, um deutlich zu machen, was die sogenannte Idiotenrunde war: Ein angehender Fallschirmjäger musste die Treppen „in Vollschutz", also mit Marschgepäck und aufgesetzter Gasmaske so lange rauf und runter laufen, bis der Vorgesetzte entschied, dass nun genug war und den Soldaten abkommandierte, um sich bei Liegestützen „auszuruhen".[10] Und in seiner unnachahmlichen Nüchternheit hat Armin Maiwald in der „Sendung mit

---

[8] „Land der Vernichtung", Regie: Romuald Karmakar, Deutschland 2003.
[9] „Alltag einer Behörde", Regie: Christian Klemke, Jan N. Lorenzen, Deutschland (MDR, Arte) 2002.
[10] „Geheimnisvolle Orte: Prora", Regie: Jan N. Lorenzen, Deutschland (ARD, RBB) 2013.

der Maus" einen erhaltenen Grenzturm in Teistungen dazu benutzt, um die Praxis
der Grenzüberwachung an der innerdeutschen Grenze deutlich zu machen.[11] Ein
beliebtes, wegen der Häufigkeit des Einsatzes mittlerweile beinahe verbrauchtes
filmisches Mittel ist es, die Zellentür in einem Gefängnis vor der Kamera zuzu-
machen, um das Ohnmachtsgefühl eines Häftlings nach seiner Verhaftung nachvollziehbar zu machen.

Beim Dreh am Originalschauplatz kann es leicht zu Spannungen zwischen Kameramann und Regisseur kommen. Meist hat der Regisseur bei einer Recherche-
reise die wichtigen Orte bereits aufgesucht und in seinem Kopf eine klare optische Vorstellung entwickelt. Auch wenn er seine Vorstellungen dem Kameramann
ausgiebig und ggf. mit Hilfe von Fotos erläutert hat, braucht der Kameramann
am Originalschauplatz meist erst etwas Zeit, um sich zu orientieren und eine eigene Haltung zum Ort zu finden. Er muss die Möglichkeit bekommen, mit seinen
eigenen Augen und Empfindungen zu agieren und selbst zu entdecken, welche
Perspektiven und Blicke ihn interessieren. Viele Kameraleute haben es in dieser
Situation am liebsten, ja sie erwarten es zum Teil sogar vom Regisseur, dass dieser
„aus dem Wege geht" und ihnen den Ort überlässt. Je enger der Drehplan, desto
schwieriger fällt es einem Regisseur jedoch, diesem Wunsch nachzugeben, dem
Blick des Kameramannes vollständig zu vertrauen und sich eine Phase der scheinbaren Nutzlosigkeit zu gönnen. In der praktischen Arbeit habe ich aber gerade
damit die besten Erfahrungen gemacht. Die Bilder, die der Kameramann herstellt,
ohne dass ihm der Regisseur ständig über die Schulter schaut und ihn womöglich
korrigiert, stellen sich im Schneideraum oft als willkommene Bereicherung heraus.
Zum Ende des Drehs am Originalschauplatz sollte dennoch genug Zeit eingeplant
werden, um auch die konkreten Vorstellungen, mit denen der Regisseur zum Originalschauplatz gereist ist, umzusetzen. Doch nur, wenn dem Kameramann zuvor
die Möglichkeit eingeräumt wurde, sich selbst am Ort abzuarbeiten, wird er offen
für diese Vorstellungen sein und oft stellt sich heraus, dass er die Vorstellungen des
Regisseur ohne diese zu kennen aus eigenem Antrieb bereits umgesetzt hat.

7.8   Originalschauplatz und Zeitzeuge

Eine der beliebtesten Vorgehensweisen ist, einen Originalschauplatz nicht allein,
sondern zusammen mit einem Zeitzeugen zu ergründen (vgl. Kap. 4.11). Dies ist
aus zwei Gründen sinnvoll: Zum einen kann ein Zeitzeuge mit seinen Erklärungen
die vergangene Zeit und all die Veränderungen, die dem Ort in dieser Zeit wider-

---

[11] „Die Sendung mit der Maus – Sommerreise 2014", Deutschland (ARD, WDR, KIKA), 2.
Folge, 10. August 2014.

fahren sind, wegwischen. Ein leeres Zimmer in einem halb verfallenen Gebäude mag zunächst ohne erkennbare Aussage sein; betritt ein Zeitzeuge dieses Zimmer, richtet es in Gedanken wieder ein und füllt es mit seinen Erinnerungen, kann dies einen hohen erzählerischen und inhaltlichen Wert haben. Der Ort wird in der Erzählung quasi reanimiert.

Zum zweiten – und dies ist meist der wichtigere Grund, um mit einem Zeitzeugen an einen Originalschauplatz zurückzukehren – löst die Wiederbegegnung beim Zeitzeugen oft heftige Reaktionen aus. Bei dem amerikanischen GI Donald Moore, mit dem zusammen ich im März 1995 das ehemalige Konzentrationslager Buchenwald besuchte, war die Erschütterung sofort beim Betreten des Geländes zu spüren und in seinem Gesicht abzulesen. „Alles war voller toter Körper", stammelte er wie benommen in die Kamera. Im April 1945 hatte er zu den ersten US-amerikanischen Soldaten gehört, die das Lager erreichten und die ausgemergelten Häftlinge notdürftig versorgten. Was er in den Vorgesprächen noch abgestritten hatte – jemals Hass auf die Deutschen empfunden zu haben – kam in der Wiederbegegnung mit Buchenwald plötzlich in die Erinnerung zurück: „We were mad at the Germans."[12]

Oft sind es Kleinigkeiten, die die Erinnerung wachrufen. Bei dem Dirigenten Ulrich Backofen, der Jahrzehnte nach seiner Freilassung wieder an den Ort der Stasi-Haft zurückkehrte, waren es Geräusche: das Zufallen der Tür, das Schließen des Riegels, das Klappern des Aufsehers am Guckloch.[13] Genauso können es kleine bauliche Details sein, die die Zerstörung oder Renovierung eines Gebäudes überstanden haben, die für den Zeitzeugen zum Erinnerungsanstoß werden.

Fast immer ist es gleich die erste Wiederbegegnung mit dem Ort, die Erinnerungen stimuliert und Emotionen freisetzt. Regisseur, Kameramann und Tontechniker müssen auf diesen Moment vorbereitet sein. Sie müssen sich dafür mit dem Ort im Vorfeld vertraut gemacht haben, um sich ganz auf den Zeitzeugen einlassen zu können und nicht selbst orientierungslos über das Gelände zu irren. Ich habe es mir in der Drehplanung daher angewöhnt, zunächst ohne Zeitzeugen am Originalschauplatz zu drehen. Die Phase der Nutzlosigkeit, der sich ein Regisseur ausgesetzt sieht, wenn er am Originalschauplatz dem Kameramann das Terrain überlässt, kann anstatt Kaffee für das Team zu organisieren auch damit gefüllt werden, den Zeitzeugen am Hotel abzuholen und zum Originalschauplatz zu bringen. Zeitzeuge und Regisseur treffen dann auf ein Team, welches sich am Ort selber bereits abge-

---

[12] „Bis die Russen kamen… Kriegsende in Mitteldeutschland", Regie: Kurt Tetzlaff, Deutschland (MDR, SFB) 1995.

[13] „Der Turm – Die Dokumentation", Regie: Jan N. Lorenzen, Deutschland (ARD, MDR) 2012.

arbeitet hat und nun neugierig darauf ist, was hier geschehen ist. Trotzdem sollte nach Abschluss des Drehs mit Protagonisten noch genug Zeit eingeplant werden, um möglicherweise die eine oder andere Erzählung aus dem Interview vor Ort durch eine subjektive „point of view" Aufnahme zu ergänzen. Wie bereits in Kap. 4.13 ausgeführt, sei an dieser Stelle noch einmal auf die Verantwortung des Filmemachers hingewiesen. Während das Drehteam den Zeitzeugen nach einem Interview in dessen Privatwohnung in seiner gewohnten, heimischen Umgebung in der Nähe von Familie und Freunden zurück lässt, bringt man einen Protagonisten nach einem Dreh am Originalschauplatz (etwa einem KZ) meist in ein anonymes Hotelzimmer an einem ihm unangenehmen Ort. Ich habe oft beobachtet, dass es den Zeitzeugen nach einem solchen Dreh beruhigt, wenn er dem Team noch etwas bei der Arbeit zuzuschauen darf. Der nüchterne, sachliche, professionelle Umgang eines Drehteams mit dem Ort, der in seiner eigenen Wahrnehmung mit meist negativer Erinnerung kontaminiert ist, scheint bei der Verarbeitung der eigenen Gefühle zu helfen. Auch das Bedürfnis, sich einem gemeinsamen Abendessen des Teams anzuschließen, ist oft zu spüren. Auch wenn Kameramann, Tontechniker und Regisseur selber müde sind und lieber unter sich den ereignisreichen Tag auswerten wollen, sollte sich das Team einem solchen Wunsch nicht entziehen – umgekehrt aber auch akzeptieren, wenn der Protagonist sich von selbst zurückzieht.

Literatur

Thomas Lutz: Zwischen Vermittlungsanspruch und emotionaler Wahrnehmung. Die Gestaltung neuer Dauerausstellungen in Gedenkstätten für NS-Opfer in Deutschland und deren Bildungsanspruch, Diss. TU Berlin 2009 (Lutz 2009).
Sonja Zekri: Diese unkontrollierbaren Bilder, in: Süddeutsche Zeitung, 17. 05. 2010. (Zekri 2010).

Filmografie

„Alltag einer Behörde", Regie: Christian Klemke, Jan N. Lorenzen, Deutschland (MDR, Arte) 2002.
„Bis die Russen kamen... Kriegsende in Mitteldeutschland", Regie: Kurt Tetzlaff, Deutschland (MDR, SFB) 1995.
„Der Turm – Die Dokumentation", Regie: Jan N. Lorenzen, Deutschland (ARD, MDR) 2012.

„Die Sendung mit der Maus – Sommerreise 2014", Deutschland (ARD, WDR, KIKA), 2. Folge, 10. August 2014.

„DieWaffen-SS", Teil 3: Hitlers letztes Aufgebot/Regie: Sebastian Dehnhardt, Deutschland (ARD, MDR) 1998.

„Geheimnisvolle Orte: Das Stammheimer Gefängnis", Regie: Ingo Helm, Deutschland (ARD, SWR) 2014.

„Geheimnisvolle Orte: Hitlers Reichskanzlei", Regie: Jürgen Ast, Kerstin Mauersberger, Deutschland (ARD, RBB) 2012.

„Geheimnisvolle Orte: Prora", Regie: Jan N. Lorenzen, Deutschland (ARD, RBB) 2013.

„Land der Vernichtung", Regie: Romuald Karmakar, Deutschland 2003.

„Nacht und Nebel (Nuit et brouillard)", Regie: Alain Resnais, Frankreich 1955.

„Von der Hölle zu den Sternen", Regie: Jürgen Ast, Deutschland (MDR) 1993.

Der Produktionsprozess Teil 2: Endfertigung

8

8.1 Am Anfang ist Chaos: Montagetechniken in der historischen Dokumentation

Sind die Interviews erfolgreich geführt, die Originalschauplätze abgedreht, das Archivmaterial gesichtet, bestellt, kopiert und angeliefert – dann kann endlich die sogenannte Endfertigung beginnen. Viele Regisseure empfinden diese Phase als die produktivste, schönste und befriedigendste des gesamten Herstellungsprozesses. Im Schneideraum zeigt sich, ob es gelingen wird, die emotionalen Eindrücke der Drehreise an den Zuschauer weiterzugeben. Die unterschiedlichen Materialien, die vorher nur in der Phantasie miteinander verbunden werden konnten, werden nun zu einer konsistenten Erzählung montiert. Nach und nach weicht damit die latent immer vorhandene Unsicherheit, ob das vom Dreh mitgebrachte Material interessant genug ist und die Erlebnisse der Zeitzeugen mitteilenswert sind. Jeder Regisseur hat dabei schon die Erfahrung gemacht, dass Einstellungen, die zum Zeitpunkt der Entstehung unverzichtbar schienen und Anekdoten die begeisterten, als Material im Schneideraum plötzlich belanglos wirken – während der Cutter umgekehrt in Sequenzen, die dem Regisseur unerheblich schienen, Erzählenswertes entdeckt und dies durch die Art der Montage zur Geltung bringt.

Grundsätzlich stehen bei einer historischen Dokumentation alle Montagetechniken zur Verfügung, die auch in anderen Genres eingesetzt werden. Es kann Parallel- und Kontrastmontagen geben, es kann mit Rückblenden oder sogar Traumsequenzen gearbeitet werden; Jump-Cuts und Time-Ramps haben ebenso Eingang gefunden in das Repertoire wie Sequenzen im Stile von Musik-Clips. Doch es gibt einige Besonderheiten, die die Montage einer historischen Dokumentation vom Schnitt einer Reportage, eines Dokumentarfilmes oder auch eines Spielfilmes stark unterscheidet. Diese Besonderheiten ergeben sich zum einen aus der besonderen Bedeutung, die die vergangene Zeit für eine historischen Dokumentation hat, zum

© Springer Fachmedien Wiesbaden 2015
J. N. Lorenzen, *Zeitgeschichte im Fernsehen,* Praxiswissen Medien,
DOI 10.1007/978-3-658-09944-2_8

125

anderen aus der im Vergleich zu anderen Fernsehformaten größeren Menge und Heterogenität des Materials und schließlich aus der Notwendigkeit, mit Bildern umgehen zu müssen, die für die Zuschauer schockierend sind und auf sie absto- ßend wirken.

8.2   Das Verhältnis von Filmzeit zu vergangener Zeit: Der Schnitt als Verdichtungsprozess

Eine historische Dokumentation hat in Deutschland in der Regel eine Sendelänge von 45 min. Selbst bei einem scharf umrissenen historischen Ereignis wie etwa der Bombardierung Dresdens am 13./14. Februar 1945 bedeutet dies, dass das Ge- schehen von 2 Tagen auf weniger als eine Stunde reduziert werden muss. Eine historische Filmerzählung ist also unabdingbar das Ergebnis eines Verdichtungs- prozesses. Welche Begebenheiten werden erzählt? Welche Ereignisse werden weg- gelassen? Schon diese Auswahl stellt angesichts des Objektivitätsgebotes ein un- lösbares Problem dar.

Doch die Verdichtung betrifft nicht nur die historische Zeit, sondern auch das gesammelte Material an sich. Üblicherweise entstehen für eine historische Doku- mentation Interviews mit zehn oder mehr Zeitzeugen. Bei einer Gesprächsdauer von meist über einer Stunde, entsteht auf diesem Wege Material von weit über 10 Stunden Dauer. Dazu kommen die recherchierten Archivaufnahmen. Bei einer Dokumentation über die Zerstörung Dresden sind dies z. B. Aufnahmen vom All- tag im unzerstörten Dresden, dann von den Einsatzbesprechungen der englischen und amerikanischen Bomberbesatzungen, ggf. noch von Kampfhandlungen, die zeitgleich zum Bombenangriff an anderen Orten stattfanden, schließlich vom Bombenangriff selbst, von den Folgen des Bombenangriffes, von den Verbrennun- gen der Toten im Zentrum der Stadt, vom Wegräumen des Schuttes und den ersten Wiederaufbaumaßnahmen. Zusätzlich entstehen bei den Dreharbeiten möglicher- weise noch Re-enactments, die konkrete, nicht im Archivmaterial vorhandene Vor- gänge erzählbar machen sollen, und schließlich gibt es die neugedrehten Bilder der Originalschauplätze. Fotos, Dokumente und Karten werden meist noch ergänzend hinzugezogen. Insgesamt stehen für eine historische 45 Min Dokumentation somit zwischen 30 und 50 h Material zur Verfügung. Das ist in der Regel weit mehr, als etwa bei einer Reportage gleicher Endlänge. Und während bei einer Reportage nie- mand in dem auch dort stattfindenden Verdichtungsprozess ein Problem erkennen wird – immer ist es schließlich Ziel des Schnittes, das „interessante" vom „uninte- ressanten" Material zu trennen und nach dramaturgischen Gesichtspunkten zu ordnen – kommt bei einer historischen Dokumentation jeder Eingriff einer Wertung gleich. Bei keinem anderen Genre ist die Grenze zwischen Gestaltung und Manipulation daher so schnell überschritten, wie bei der historischen Dokumentation.

8.3 Die Heterogenität des Materials: Der Schnitt als Homogenisierungsprozess

Zu der ungeheuren Menge, kommt die Heterogenität des Materials. Im Gegensatz zu einer Reportage, einem Dokumentarfilm oder einem Spielfilm, bei dem in der Regel alle Bilder aus der Hand (oder zumindest unter der Aufsicht) ein- und desselben Kameramannes gedreht sind, kämpfen Schnittmeister und Regisseur einer historischen Dokumentationen mit Bildern unterschiedlicher Provenienz, gegensätzlicher Ästhetik und verschiedener Aufnahmequalität. Aufgrund ihres hohen Authentizitätsanspruches vermeiden manche Dokumentarfilmer Vermischungen der verschiedenen Materialarten penibel. Die Brüche im Material sollen nicht durch den Schnitt verdeckt, das Material soll nicht in der Collage homogenisiert werden. Zuweilen werden nicht einmal Bildfehler korrigiert oder alte Klebestellen entfernt. Zu keinem Zeitpunkt soll der Zuschauer über Herkunft, Alter oder Beschaffenheit des Materials im Unklaren gelassen oder gar getäuscht werden. Die Materialien (die Historiker würden „Quellen" sagen) werden wie Dokumente behandelt, die ihre Beweiskraft nur dann entfalten, wenn sie in ihrer ganzen Ursprünglichkeit präsentiert werden. „Seht her, so habe ich das Material vorgefunden, ich habe nichts geändert" soll damit suggeriert werden. Wird Archivmaterial, wie in Kap. 5.3 beschrieben, als Beweis eingesetzt, ist diese Haltung die einzig vertretbare. Doch gibt es bei der historischen Dokumentation viele Einsatzarten des Archivmaterials. Werden Archivaufnahmen entkontextualisiert verwendet, wie ebenfalls in Kap. 5.3 ausgeführt, dann ist der Anspruch, den Zuschauer über die Herkunft jeder einzelnen Einstellung aufzuklären, schlicht nicht durchzuhalten. Ebenso wenig hat es bei einer solchen Verwendung Sinn, Bildfehler unkorrigiert zu lassen oder stolz die Klebestellen und Schichtschrammen zu präsentieren.

Im Schnitt einer historischen Dokumentation stellt sich eine ganz andere Aufgabe: Im Gegensatz zum klassischen Dokumentarfilm geht es nicht so sehr darum, ob jeder einzelne Archivschnipsel oder jedes Zeitzeugenstatement für sich Glaubwürdigkeit beanspruchen kann, es geht vielmehr darum, die verschiedenen Bildebenen so zu collagieren, dass eine wechselseitige Beglaubigung eintritt und die Materialien sich in ihrer Wertigkeit gegenseitig verstärken. Nur dann, wenn das Material in hohem Maße Beweiskraft entfalten soll, wird der Zuschauer explizit auf Herkunft, Beschaffenheit und möglicherweise sogar auf die Schwierigkeiten der Recherche

nach diesem Material hingewiesen. „Eine Aussage gewinnt an Kraft und Glaubwürdigkeit, indem sie durch eine andere fortgesetzt, ergänzt, bestätigt, erläutert
wird", so beschreibt Egon Netenjakob ein wichtiges Montageprinzip bei Eberhard
Fechner (Netenjakob 1989, S. 103), das nicht nur auf Zeitzeugenaussagen, sondern
auch auf alle anderen verwendeten Bildebenen angewandt werden kann: Wenn das
Archivmaterial die Aussagen der Zeitzeugen bestätigt, steigt die Glaubwürdigkeit
beider Bildebenen. Das Gleiche gilt, wenn sich in der Zusammenschau der Archivbilder und der am Originalschauplatz neugedrehten Bilder ein Wiedererkennungs-
effekt einstellt. Ziel des Schnitts einer historischen Dokumentation ist es also, das
aus einem riesigen, chaotischen und widerspenstigen Haufen bestehende Material
in einer Art Collage so zu homogenisieren, dass durch die wechselseitige Beglaubigung des Materials der Zuschauer sich nicht bei jeder Einstellung die Frage nach
dem Wahrheitsgehalt neu stellt und damit von der linearen Erzählung und dem
Handlungsfluss abgelenkt wird.

Um dies erreichen zu können, muss der Zuschauer zunächst möglichst früh über
das Spektrum der zum Einsatz kommenden filmischen Ebenen aufgeklärt werden:
Ein Zeitzeuge, der kurz vor Schluss plötzlich auftaucht, ohne zu Beginn des Filmes etabliert worden zu sein, kann seine Funktion als Identifikationsfigur nicht
wahrnehmen. Er wird dem Zuschauer daher als Fremdkörper erscheinen und in
seiner Glaubwürdigkeit beschädigt sein. Ebenso wirkt es unmotiviert und unglaubwürdig, wenn kurz vor Ende des Filmes plötzlich mit Re-enactments gearbeitet
wird, obwohl diese Bildebene bis dahin keine Rolle in der Filmerzählung gespielt
hat. Viel hängt also davon ab, ob Schnittmeister und Regisseur in der Lage sind,
alle Bildebenen frühzeitig zu etablieren und miteinander kommunizieren zu lassen:
Wie werden die Zeitzeugen vorgestellt und wie werden sie miteinander in Verbindung gesetzt? Wie korrespondieren die neugedrehten Bilder mit dem Archivmaterial? Sind sie so gut aufeinander abgestimmt, dass der Zuschauer die Orte jeweils
wiedererkennt? Bestätigt das Archivmaterial die Aussagen der Zeitzeugen – oder
zeigt es eine vollkommen andere Wirklichkeit? Wie organisch fügen sich die nachgestellten Aufnahmen ins Archivmaterial ein?

Um Bildebenen in diesem Sinne miteinander kommunizieren zu lassen, kommen häufig Kontrastmontagen zum Einsatz – besonders in den ersten Filmminuten:
Den Film „Am Rande eines Krieges" über den Ungarischen Aufstand 1956 beginnt
der Regisseur Kurt Tetzlaff mit einer solchen Kontrastmontage von Archivbildern
zerstörter Gebäude mit Aufnahmen derselben Gebäude in der Gegenwart: eine zerstörte und aufgebaute Kirche, eine zerschossene und wieder hergerichtete Kaserne,
ein geplündertes und wieder befriedetes Gebäude. Die Dokumentation bewältigt
so zum einen den Zeitsprung in die Vergangenheit, durch den Kontrast zwischen
kriegerischen und friedlichen Bildern schafft sie zudem eine Fallhöhe, vor allem

aber werden gleich zu Beginn des Filmes zwei der drei zentralen Bildebenen so etabliert, dass sie miteinander korrespondieren und sich gegenseitig beglaubigen.[1] Allerdings greifen Regisseure und Cutter im Schnitt zuweilen auch zu einigen Tricks – und diese sind durchaus diskussionswürdig: Übergänge zwischen schwarz-weißem Archivmaterial und farbigen Neudrehs werden durch langsame Überblendungen abgemildert; das meist aus verschiedenen Quellen stammende Archivmaterial wird in seiner Farbigkeit so angeglichen, dass die Unterschiede nivelliert werden; zuweilen werden Re-enactments durch das Hinzufügen von Schichtschrammen oder Filmdreck dem Look des Archivmaterials weitgehend angepasst. Dass es sich hierbei um starke, für Dokumentarfilmer und Historiker eigentlich unzumutbare gestalterische Eingriffe handelt, sollte jedem Regisseur und Cutter zumindest bewusst sein.

Es lohnt sich auch, an dieser Stelle den Vorwurf aufzunehmen, die Zeitzeugen würden oft nur benutzt, um die bereits im Drehbuch festgelegten Aussagen zu bestätigen und zu emotionalisieren. „Der Normalfall von Zeitzeugenstatements besteht darin, die durch die Off-Kommentierung angeleitete historiografische Erzählung zu illustrieren", behauptet etwa der Soziologe und Erziehungswissenschaftler Michael Elm (Michael Elm: Hitler in echt. S. 149).

Auch wenn es diese Vorgehensweise geben mag: Angesichts der großen Bedeutung, die Zeitzeugen für die Dramaturgie und auch die Glaubwürdigkeit einer historischen Dokumentation haben, ist eher das Gegenteil der Fall. Meist werden im Arbeitsprozess zuerst die interessant erscheinenden Zeitzeugenaussagen extrahiert. „Interessant" sind dabei vor allem subjektive Erfahrungen und emotionale Erlebnisse. Alles was einer scheinbar objektiven, von Zeitzeugen ohnehin nicht zu leistenden Geschichtsnacherzählung gleichkommt, wird ausgesondert. Diese Aufgabe, die nötigen Daten, Fakten, Ortsangaben etc. beizusteuern übernimmt später der Kommentar, der dies präziser und kürzer zu leisten vermag. In der Regel wird also nicht das Interviewmaterial zur Bestärkung des Kommentars montiert, sondern der Kommentar – als kürzest mögliche Erzählform – übernimmt Passagen, die der Zeitzeuge zu langsam, zu umständlich, zu holprig oder zu ungenau erzählt. Im nächsten Arbeitsschritt werden die Zeitzeugenaussagen dann so mit Archivmaterialien und neugedrehten Bildern angereichert, dass die gewünschte gegenseitige Beglaubigung erreicht wird.

---

[1] „Am Rande eines Krieges – Der Ungarische Aufstand 1956", Regie: Kurt Tetzlaff, Deutschland (ARD, MDR) 1996.

8.4   Umgang mit schockierenden Bildern

Die dritte schnitttechnische Besonderheit, auf die eingegangen werden muss, betrifft den Einsatz schockierender Bilder. Historische Dokumentationen handeln oft von Kriegen, Aufständen, Revolutionen oder Katastrophen. Gewalterfahrungen bilden nicht selten den Kern der Erinnerungen der Zeitzeugen. Gewalt in all ihren Ausprägungen ist daher auch fast immer unverzichtbarer Teil der zu erzählenden Geschichte. Nicht, ob die Gewalt abgebildet wird, sondern lediglich wie und wann in der filmischen Erzählung dies geschieht, ist eine zu beantwortende Frage im Schnitt fast jeder historischen Dokumentation.

Es gibt historische Dokumentationen, die Bilder der Gewalt bereits im Prolog, wie ein Schockelement einsetzen. Die Dokumentation „Unter Honeckers Flagge – Die MS-Halberstadt im Vietnamkrieg" beginnt mit der Aussage des Maschinisten Norbert Rackow, der mit fahlem Gesicht und nach vierzig Jahren noch immer geschockt vom Raketenangriff auf sein Schiff im Frühjahr 1972, seine Eindrücke wiedergibt. Kurze, kaum im Detail wahrnehmbare Zwischenbilder von den Folgen des US-amerikanischen Angriffs auf die nordvietnamesische Hafenstadt Haiphong am 16. April 1972 machen gleich zu Beginn deutlich, dass der Film nicht von der harmlosen Reise eines DDR-Handelsschiffes erzählt, sondern von Krieg, Zerstörung und unsagbarem menschlichem Leid.[2] Dramaturgisch sind damit die wichtigsten Funktionen, die eine Exposition zu leisten hat, erfüllt: Der Einstieg bereitet gut auf den Film vor, ohne optisch und inhaltlich zu viel vorwegzunehmen. Dem steht jedoch ein gewaltiger Nachteil gegenüber. Viele Zuschauer, die sich am Abend vor den Fernseher setzen, um zu entspannen und unterhalten zu werden, fühlen sich durch einen derart schockierenden Prolog und die Intensität der eingesetzten Bilder möglicherweise überfordert und abgeschreckt. In der Konsequenz sind sie dann nicht mehr bereit, sich tiefer auf das Thema einzulassen – und schalten ab.

In der Regel ist ein schockierender Einstieg also nicht das Mittel der Wahl. Empfehlenswert ist es vielmehr, den Zuschauer langsam an eine härtere Bildsprache zu gewöhnen. Als Referenz sei auf Medizindokumentationen und -reportagen verwiesen, die das Prinzip, den Zuschauer allmählich an „unappetitliche" Bilder heranzuführen, perfektioniert haben. Der Dokumentarfilmer Thomas Schadt hat am Beispiel seines Filmes über Flugrettung in Deutschland den Umgang mit solch

---

[2] „Unter Honeckers Flagge – Die MS Halberstadt im Vietnam-Krieg", Regie: Jan N. Lorenzen, Deutschland (RBB, NDR) 2014.

schockierenden Bildern beschrieben:[3] „Es war unumgänglich, in einem Film über die kaum vorstellbar harte Arbeit von Notärzten irgendwann auch visuell etwas von der Dramatik einer Notversorgung zeigen zu müssen." Um die Zuschauer nicht bereits zu Beginn des Filmes abzuschrecken, entschied sich Schadt dafür, die Härte des Berufes zunächst nur indirekt, über den Gesichtsausdruck der Ärzte widerzuspiegeln, ohne dabei die schrecklichen Verletzungen der Verunglückten zu zeigen. „Doch wie sollte der Zuschauer im Minenspiel meiner Protagonisten ablesen können, wie viel dieser Beruf fordert, wenn er in seiner Fantasie keinen Bezug zu dem herstellen konnte, was der Notarzt tatsächlich visuell ertragen muss?" Dazu kommt das, was Schadt die „voyeuristische Erwartungshaltung des Zuschauers" nennt: „Hätte ich dieser Art Neugierde nicht wenigstens an einer Stelle im Film entsprochen, wäre seine Aufmerksamkeit in ständiger Erwartung ‚sensationeller Bilder‘ (Hervorhebung im Original – J.L.) in die falsche Richtung gegangen. (…) Solange ich ihm also nicht in angemessener Form gab, wonach er instinktiv und aufgrund seiner medialen Erziehung verlangte, war er nicht bereit, im Gegenzug die anderen Beobachtungen, das weniger spektakuläre des Alltags der Notärzte, aufzunehmen" (Schadt 2012, S. 85).

Die Parallelen zur historischen Dokumentation liegen auf der Hand: An die Stelle der Notärzte treten bei einer historischen Dokumentation die traumatisierten Zeitzeugen. Ihre Gewaltschilderungen benötigen ähnlich wie die Erlebnisse der Notärzte einen visuellen Resonanzkörper, den in der Regel das Archivmaterial bietet. In der Montage ist dann genauestens darauf zu achten, in welcher Reihenfolge die schockierenden Bilder eingesetzt werden. Sie benötigen meist sowohl eine allmähliche Steigerung, als auch eine Ankündigung durch Minenspiel und Aussagen der Zeitzeugen. Nur wenn die schockierenden Bilder nach den Zeitzeugenaussagen montiert sind, wird der Zuschauer sie mit den Augen des Zeitzeugen sehen und sie als selbstverständlichen, sogar notwendigen Teil der Erzählung akzeptieren.

Den Zuschauer allmählich auf die schockierenden Bilder vorzubereiten bedeutet freilich nicht, dass der Zuschauer alles konkret abgebildet sehen möchte, was der Zeitzeuge zu berichten weiß. Der Voyeurismus, das angebliche Verlangen des Zuschauers nach visueller Teilhabe an den Erfahrungen der Zeitzeugen, hat auch sehr deutliche Grenzen. In der Dokumentation „Leben in Trümmern" erzählt eine Frau wie bereits berichtet, von ihrer Vergewaltigung durch Soldaten der Roten Armee in den Tagen nach dem Einmarsch im Mai 1945. Sie tut dies in sehr knappen, auf jedes Detail verzichtenden Worten, die noch einmal gefiltert werden, weil die Frau das Erleben nur indirekt, über die Reaktion des Arztes, den sie anschließend

---

[3] „Eiserne Engel – Luftrettung in Deutschland", Regie Thomas Schadt, Deutschland (SWF) 1995.

aufsuchte, wieder zu geben in der Lage ist: „War es sehr schlimm", habe dieser Arzt sie gefragt. Sie habe nur genickt.[4] Abgesehen davon, dass Archivmaterial, welches dieses Erlebnis hätten illustrieren oder beglaubigen können, ohnehin nicht zur Verfügung steht, hätte kein noch so voyeuristischer Zuschauer im Kontext dieser Erzählung eine optische Darstellung einer Vergewaltigung erwartet oder gar honoriert. Im Gegenteil: es gibt eine im Konkreten schwer zu benennende Grenze der Pietät. Die Schwierigkeit im Schnitt kann also auch darin bestehen, einen visuellen Resonanzrahmen zu schaffen, der die Vorgänge lediglich andeutet und den offen gelegten Emotionen dennoch genügend Raum gibt.

8.5 Kommentartext und Sprecher

Als letzter wichtiger Schritt im Produktionsprozess muss der bereits im Treatment vorgedachte Kommentartext verfasst werden – je nach Arbeitseinstellung des Autors und Regisseurs geschieht dies bereits parallel zum Schnitt oder erst danach – und auch hier gibt es einige Besonderheiten zu beachten, denn das Verhältnis von Text zum Bild wird seit den Anfängen des dokumentarischen Erzählens im Film als äußerst problematisch wahrgenommen. Im Gegensatz zu Zeitzeugen oder anderen Interviewpartnern, die im Bild zu sehen sind, kommt der Kommentartext aus der Anonymität. Der Kommentartext spricht wie ein Gott, nicht wie ein Mensch. Für den Zuschauer ist es damit deutlich schwieriger, sich zum Kommentar distanzierend zu verhalten, als etwa zur Aussage eines Zeitzeugen. „Woher kommt diese Stimme aus dem Off, die über den Bildern von Nachrichtensendungen oder Dokumentarfilmen liegt und die man als Sprecher oder Kommentarstimme bezeichnet" fragt etwa Francois Niney: „Wer spricht hier eigentlich? Von wo aus wird gesprochen? Mit welcher Autorität? Spricht sie über das, was die Bilder zeigen sollen, oder sagt sie uns, was wir im Bild sehen sollen?" (Niney 2012, S. 140). Viele Dokumentarfilmer sehen es wegen dieser Bedenken als ihre vornehmste Aufgabe an, einen Film zu machen, der ohne gesprochenen Kommentar „funktioniert"; einen Film, bei dem es überflüssig wird, die eigene Stimme, oder die „irgendeines Sprechers draufzupappen", wie Eberhard Fechner meint (zit. n. Netenjakob 1989, S. 116).

In einer historischen Dokumentation ist ein Kommentartext jedoch meist unverzichtbar. Nur mit seiner Hilfe können historische Zusammenhänge in der nötigen Kürze dargelegt, Überleitungen formuliert und Zeitzeugen vorgestellt werden.

---

[4] „Leben in Trümmern. Dresden 1945 ", Regie: Hannes Schuler, Jan N. Lorenzen, Deutschland (MDR, Arte) 2005.

Auch gibt es Sujets, „von denen die Bilder erst zu sprechen beginnen, wenn man mit Worten einen Vorgang des Verstehens in Gang gesetzt hat" (Farocki 1978, S. 82). In vielen journalistischen Beiträgen und leider auch in vielen historischen Dokumentationen wird der Kommentartext jedoch äußerst undiszipliniert eingesetzt. Die Bilder werden zwar zur Beweisführung und zur gegenseitigen Beglaubigung benutzt, ihrer Wirkung wird aber oft nicht wirklich vertraut. Dem Kommentar kommt dann die Aufgabe zu, die Bilder zu interpretieren, zu deuten, zu korrigieren. Der Zuschauer wird also gewissermaßen bevormundet. Aus den grundsätzlichen Bedenken der Dokumentarfilmer lassen sich daher einige Ratschläge ableiten. Der Kommentartext sollte versuchen, sich auf Daten, Fakten, Zeit- und Ortsangaben und das Herstellen von Zusammenhängen zu beschränken. Ausdrücklich erwünscht sind Informationen, die das Archivmaterial kontextualisieren und über seine Herkunft aufklären. Es sollte dagegen unbedingt vermieden werden, die im Bild enthaltenen Informationen zu verdoppeln und auch der Neigung, über den Kommentar Wertungen vorzugeben, Einschätzungen und Erlebnisse der Zeitzeugen zu kommentieren, zu ironisieren oder zu korrigieren, sollte unbedingt widerstanden werden. Der bedenkenlose Einsatz des Kommentartextes ist einer der wichtigsten Gründe für die Entfremdung zwischen Dokumentarfilmern und den Autoren historischer Dokumentationen – und zugleich ein leicht zu vermeidender.

Die Haltung des Kommentartextes sollte auch die Wahl des Kommentarsprechers bestimmen. Dokumentarfilmer bevorzugen, wenn sie sich doch für einen knappen Kommentartext entscheiden, meist die eigene Stimme, um die Subjektivität zu wahren und die Verbindung zum im Bild erscheinenden, den Film vorantreibenden Autor nicht zu irritieren und abreißen zu lassen. In der Regel ist dies bei historischen Dokumentationen unerwünscht, da der Autor/Regisseur meist als Person nicht thematisiert wird und im Bild nicht zu sehen ist. Es werden also vorrangig professionelle Sprecher, meist Schauspieler gebucht. Ein „Märchenonkel", der bereits mit seiner Stimme eine Wertung vorgibt, ist dabei ebenso ungeeignet, wie eine typische „Fernsehstimme", die die Protagonisten im Stile einer Nachrichtenmeldung vorstellt. In der Regel sind es daher einige wenige, die Balance zwischen Neutralität und nötiger Wärme haltende Sprecher, die innerhalb des Genres von Produktion zu Produktion weitergereicht werden.

8.6 Abnahme

Mit dem Verfassen des Kommentartextes und der anschließenden Sprachaufnahme sind die Aufgaben des Autors bzw. des Regisseurs im Wesentlichen abgeschlossen. Die weiteren Arbeitsschritte unterscheiden sich nicht wesentlich von denen anderer TV-Formate, sind zum Teil rein technischer Natur und fallen daher in die Verantwortung von Produktionsleiter und Cutter. Nur auf einen Moment im Produktionsprozess soll abschließend eingegangen werden, denn er ist von entscheidender Bedeutung: die Abnahme.

Bei einer historischen Dokumentation handelt es sich um ein weitgehend formatiertes Produkt – nicht um einen Autorenfilm. Dies bedeutet, dass Produzent und Redakteur als Auftraggeber weitgehende Eingriffsrechte haben. Die Situation, in der der Redakteur von diesem Eingriffsrecht Gebrauch macht, ist die Abnahme. Die Abnahme findet in jedem Fall vor der Sprachaufnahme statt, also zu einem Zeitpunkt in dem noch korrigierend in den Schnitt und die Dramaturgie eingegriffen werden kann. Offen wird bei dieser Gelegenheit über die Unzulänglichkeiten des Werkes gesprochen, Nachbesserungen werden angemahnt und in sehr seltenen Fällen verlangt der Redakteur sogar nachträgliche Dreharbeiten, die dann wieder eingearbeitet werden müssen.

Für beide Seiten, für den Redakteur und für den Regisseur ist die Abnahme eine äußerst spannungsgeladene Situation. Für den Regisseur steht das von ihm zu verantwortende Produkt auf dem Prüfstand. Indirekt werden bei der Abnahme damit seine Fähigkeiten als Regisseur verhandelt und natürlich auch die Aussicht auf neue Aufträge in der jeweiligen Redaktion. Um sich und ihr Werk zu schützen begeben sich die meisten Regisseure daher fast automatisch in eine Verteidigungshaltung.

Für den Redakteur steht ebenfalls viel auf dem Spiel: Er sieht das Ergebnis der Arbeit in diesem Moment zum ersten Mal. Hat der Autor gehalten, was er im Exposé und im Treatment versprochen hat? Sind die Zeitzeugeninterviews gelungen? Hat sich die Dramaturgie umsetzen lassen? Und vor allem: werden die Zuschauer den Film annehmen? Spätestens am Tag nach der Sendung wird sich der Redakteur bei seinen Kollegen und seinen Vorgesetzten für die Entscheidung, dieses Thema auszuwählen und von diesem Autoren verfilmen zu lassen, rechtfertigen müssen. Die Abnahme ist der letzte Moment, um korrigierend eingreifen zu können, auf Dramaturgie und Erzählweise Einfluss zu nehmen und aus einem vermeintlich schlechten Film noch einen mittelmäßigen oder aus einem guten vielleicht einen sehr guten zu machen.

Obwohl beide am Ende an einem guten Produkt interessiert sind, ist die Spannung in der Abnahme nicht vollständig aufzulösen. Aber sie lässt sich mildern. Auch bei formatierten Produkten wie der historischen Dokumentation sollte es das wichtigste Ziel eines Regisseurs sein, die Gestaltungshoheit über sein Produkt zu behalten. Der beste Weg, dies zu erreichen, besteht darin, sich offen für Verbesserungsvorschläge zu zeigen, die Abnahme nicht passiv über sich ergehen zu lassen, sondern aktiv zu gestalten und dem Redakteur dabei offensiv die Rolle eines dramaturgischen Beraters zuzuweisen. Der Regisseur muss lernen, die Abnahme als Chance zu betrachten, bei der er die Wirkung des Filmes erstmals testen kann. Der Redakteur als erster Testseher!

Umgekehrt sollte ein Redakteur von seinem Eingriffsrecht nur in Ausnahmefällen in ultimativer Form Gebrauch machen. Er sollte vielmehr versuchen, Einvernehmen mit dem Regisseur über die von ihm vorgebrachten Änderungswünsche herzustellen und ihn mit Argumenten zu überzeugen. Die meisten Redakteure sind durchaus in der Lage, den Finger in die Wunde zu legen und auf Schwachstellen in der dramaturgischen Konstruktion hinzuweisen, die dem Regisseur schon deswegen nicht mehr auffallen, weil er sich die entsprechenden Stellen durch die vielen gemeinsam mit dem Cutter im Schnitt verbrachten Tage längst schön geguckt hat. Umgekehrt ist der Redakteur, in Unkenntnis des gesamten Materials und nicht vertraut mit den vielen als Irrwegen empfundenen und daher verworfenen Schnittversuchen, auch nicht immer in der Lage, einen umsetzbaren Lösungsvorschlag für ein dramaturgisches Problem zu liefern.

In dem Moment, in dem der Regisseur die Kritik als von vornherein unberechtigt zurückweist, drängt er den Redakteur ungewollt in die Rolle des seinerseits unnachgiebigen Auftraggebers, der seine Korrekturwünsche nun nicht mehr im Einvernehmen mit dem Regisseur durchzusetzen sucht, sondern ultimativ anweist. In der Regel führt dies weder zu einer Verbesserung der Atmosphäre, noch zu einer Qualitätsverbesserung der Dokumentation, da die auf diese Weise durchgesetzten Änderungen nun wiederum vom Regisseur lustlos und ohne innere Überzeugung umgesetzt werden. Viel produktiver ist es, die Kritik des Redakteurs Ernst zu nehmen und mit ihm gemeinsam Lösungsmöglichkeiten zu diskutieren. Lässt sich in der Abnahme kein Einvernehmen herstellen, ist es meist am besten, die Lösung des Problems aufzuschieben. Mit dem Abstand von ein oder zwei Tagen fällt es sowohl leichter, die Kritik anzunehmen, als auch Lösungsvorschläge, die für beide Seiten befriedigend sind, zu entwickeln. In jedem Fall sollte der Regisseur signalisieren, dass er es als seine Aufgabe ansieht, das identifizierte Problem zu lösen.

Die Eingangs getroffene Aussage, bei der historischen Dokumentation handele sich um ein weitgehend formatiertes Produkt, bei welchem dem Redakteur weitgehende Eingriffsrechte zugestanden werden müssen, sollte in keinem Fall in der Art missverstanden werden, dass es für eine gute Dokumentation etwa genüge, die richtigen Bausteine zu finden und sie in der richtigen Reihenfolge zusammenzusetzen. Die Abnahme entspräche dann der Qualitätskontrolle bei der Serienproduktion eines PKW. Alle historischen Dokumentationen, auch die, die im Rahmen mehrteiliger Reihen laufen, sind Einzelstücke. Und jede von ihnen stellt den Regisseur vor neuartige Entscheidungen in Bezug auf Zeitzeugenaussagen, Archivmaterial oder Re-enactments, jede erfordert einen individuellen Zugriff auf Dramaturgie und Erzählhaltung. Auch dies sollte in der Abnahme erinnert werden und die Tür für eine produktive Diskussion öffnen.

Literatur

Egon Netenjakob: Eberhard Fechner. Lebensläufe dieses Jahrhunderts im Film, Weinheim und Berlin 1989 (Netenjakob 1989).

Francois Niney: Die Wirklichkeit des Dokumentarfilms. 50 Fragen zur Theorie und Praxis des Dokumentarischen, Marburg 2012, S. 230 (Niney 2012).

Harun Farocki: Über die Arbeit mit Bildern im Fernsehen, in: Joachim Paech (Hrsg.): Film- und Fernsehsprache 1, Frankfurt a. M.u. a. 1978, S. 82–85 (Farocki 1978).

Thomas Schadt: Das Gefühl des Augenblicks. Zur Dramaturgie des Dokumentarfilms, Konstanz 2012 (Schadt 2012).

Filmografie

„Am Rande eines Krieges – Der Ungarische Aufstand 1956", Regie: Kurt Tetzlaff, Deutschland (ARD, MDR) 1996.

„Leben in Trümmern. Dresden 1945 ", Regie: Hannes Schuler, Jan N. Lorenzen, Deutschland (MDR, Arte) 2005.

„Eiserne Engel – Luftrettung in Deutschland", Regie Thomas Schadt, Deutschland (SWF) 1995.

„Unter Honeckers Flagge – Die MS Halberstadt im Vietnam-Krieg", Regie: Jan N. Lorenzen, Deutschland (RBB, NDR) 2014.

Ausblick

9

9.1 Geschichtsstudium versus Filmstudium. Gibt es einen Königsweg zur historischen Dokumentation?

Wie wird man eigentlich Autor oder Regisseur historischer Dokumentationen? Welcher Ausbildungsgang bereitet am besten auf das vielfältige Anforderungsprofil vor? Ist es besser zunächst Geschichte zu studieren, um sich anschließend die handwerklichen Fähigkeiten eines Regisseurs anzueignen? Oder ist es zielführender, an einer Filmhochschule oder Medienakademie ein Regiestudium zu absolvieren und sich die historischen Kenntnisse im Selbststudium anzulesen? Um es vorwegzunehmen: Einen Königsweg zur historischen Dokumentation gibt es nicht. Unter den Autoren und Regisseuren gibt es sowohl Absolventen von Filmhochschulen, Journalistenschulen oder Medienakademien, als auch ausgebildete Historiker, die nach dem Studium ein Volontariat abgeschlossen haben und sogar erstaunlich viele Quereinsteiger, die einen vollkommen anderen Ausbildungsgang hinter sich haben. Die Defizite, die die gängigen Ausbildungswege mit sich bringen, bestehen dabei nicht so sehr in dem, was dort nicht gelehrt wird und mühsam nachträglich erworben werden muss, sondern in den fachspezifischen Dogmen, die während der Ausbildung verinnerlicht werden und ein unvoreingenommenes Herangehen verhindern.

Für den an einer Filmhochschule ausgebildeten Dokumentarfilmer besteht dieses Dogma vor allem in der beinahe notorischen Abgrenzung vom Fernsehen und seinen Arbeitsmethoden. „Derzeit (..) bedeutet mit dem Fernsehen zu arbeiten für Dokumentarfilmer (die sich dessen bewusst sind), gegen das Fernsehen zu arbeiten", schreibt etwa Francois Niney – und drückt damit einen Grundkonsens der Dokumentarfilmgemeinde aus (Niney 2012, S. 230). An Filmhochschulen ausgebildete Regisseure sind oft nicht bereit, die nötigen Kompromisse in Bezug auf ihre dokumentarischen Überzeugungen einzugehen und sich den spezifischen Anforde-

© Springer Fachmedien Wiesbaden 2015   137
J. N. Lorenzen, *Zeitgeschichte im Fernsehen,* Praxiswissen Medien,
DOI 10.1007/978-3-658-09944-2_9

rungen der historischen Dokumentation zu stellen. Sie haben meist vielmehr den Ehrgeiz, den „Fernsehmachern" zu zeigen, wie eine historische Dokumentation aus ihrer Sicht eigentlich gemacht sein müsste: ohne Kommentar, ohne Rückgriff auf die bewährten Dramaturgiemodelle und ohne den aus ihrer Sicht bedenkenlosen Umgang mit Zeitzeugeninterviews. In der Regel führt dies bereits beim ersten Versuch zum Fiasko – und vertieft damit den Graben zwischen dokumentarischem Fernsehen und Dokumentarfilm weiter. In der Folge wird der (gescheiterte) Regisseur keinen zweiten Schritt im Medium Fernsehen wagen (wollen) und auch der betroffene Redakteur wird in Zukunft davor zurückschrecken, einem Absolventen einer Filmhochschule einen Auftrag zu geben. Dazu kommt, auch hierin steckt ein nicht zu unterschätzendes Frustrationspotential, dass die an Filmhochschulen ausgebildeten Regisseure die Arbeitsrhythmen, die das Fernsehen verlangt, nicht gewohnt sind. Die im Fernsehen nötige Effizienz ist ebenso wenig Teil der Ausbildung, wie Arbeit unter Zeitdruck. Eine 45-minütige Dokumentation in (nur) drei bis vier Monaten, mit (nur) 10–15 Drehtagen und maximal 15 Schnitttagen fertig zu stellen, ist für einen Hochschulabsolventen, der zuletzt zwei Jahre an seinem Abschlussfilm gearbeitet hat, oft nicht vorstellbar und mit dem Wunsch, sich als Autorenfilmer selbst zu verwirklichen, nicht vereinbar.

Auf eine ähnliche Art und Weise müssen sich auch die Absolventen eines Geschichtsstudiums zunächst von den Dogmen ihres Faches lösen, wenn sie als „Geschichtsfilmer" erfolgreich sein möchten. Sicher fehlt es auch an filmspezifischen Erfahrungen und an technischer Kompetenz, die die Grundlage für alle Kommunikationsprozesse zwischen dem Regisseur und den anderen Teammitgliedern sind. Doch diese Kenntnisse können mit dem entsprechenden Ehrgeiz nacherworben werden. Im Wege steht den ausgebildeten Historikern vielmehr das von Leopold von Ranke vor über 100 Jahren ausgegebene Dogma, Geschichte müsse so dargestellt werden, „wie es eigentlich gewesen" sei. Dieser Wunsch nach Objektivität, so unerreichbar er auch sein mag, hat alle Paradigmenwechsel der Geschichtswissenschaft unbeschadet überstanden. Er hält den Historiker davon ab, Spannung und Emotionen als Teil der Erzählung nicht nur zu akzeptieren, sondern anzustreben. Es hindert ihn, seine Vorurteile gegenüber dem lückenhaften Erinnerungsvermögen der Zeitzeugen aufzugeben und ihren subjektiven Sichtweisen den Vorzug vor der ja auch nur scheinbaren Objektivität einer analytischen Darstellung zu geben.

Weitgehend frei von diesen historiographischen bzw. dokumentarfilmspezifischen Dogmen sind nur die Absolventen eines Journalistikstudiums mit anschließendem Volontariat. Sie haben gelernt, unter Zeitdruck zu arbeiten, sie beherrschen die schnelle, konzentrierte Recherche von Grund auf und sie kennen sich mit den Arbeitsabläufen und technischen Rahmenbedingungen von Fernsehproduktionen aus. Und doch sind sie unter den Autoren und Regisseuren historischer Dokumentationen eher die Ausnahme. Sich sowohl eine dokumentarisch-filmische Haltung anzueignen, die über die für Nachrichten- und Magazinsendungen nötige Bildsprache hinausgeht, als auch die spezifisch historischen Recherchewege und das entsprechende Hintergrundwissen nachzuerwerben, scheint eine große Hürde zu sein.

Für alle drei Ausbildungswege gilt: Die historische Dokumentation ist kein Arbeitsfeld, in dem man die Anerkennung der Zunft findet, aus der man stammt: Ein Historiker, der den akademischen Bereich verlässt um seine Fertigkeiten im Medium Fernsehen auszuprobieren, wird für eine (aus Sicht der Fernsehmacher) gelungene historische Dokumentation nur in den seltensten Fällen die Anerkennung der Historikergemeinde bekommen. Und auch der Dokumentarfilmer, der sich im Genre der historischen Dokumentation versucht, wird mit Skepsis und Ablehnung zu kämpfen haben. Wir sind wieder beim Anfang: Autor historischer Dokumentationen zu sein, ist ein Beruf für sich! Doch eine Frage ist damit noch nicht beantwortet: Was leisten Autoren und Regisseure historischer Dokumentationen? Welche Funktion erfüllen historische Dokumentationen besser als die historische Fachliteratur oder ein künstlerisch hochwertiger Dokumentarfilm? Gibt es so etwas wie ein berufliches Selbstverständnis, das Autoren, Regisseure und Redakteure historischer Dokumentationen verbindet?

9.2 Die historische Dokumentation als Kommunikationsplattform

Seit den frühen neunziger Jahren besteht die wohl wichtigste Funktion der historischen Dokumentation als Genre darin, als Transmissionsriemen einer nach dem Ende der DDR und der wiedergewonnenen deutschen Einheit dringend nötigen Auseinandersetzung über den richtigen Umgang mit der Vergangenheit zu dienen. Ihre wichtigste Aufgabe sehen Autoren, Regisseure und Redakteure historischer Dokumentationen darin, der Identitätssuche der Gesellschaft in Bezug auf die Vergangenheit eine Plattform zu bieten. Viele historisch-gesellschaftliche Debatten im vergangenen Vierteljahrhundert hätten ohne die historische Dokumentation so nicht stattgefunden: Die Auseinandersetzung, wie viel Erinnerung an eigenes Leid möglich ist, ohne die grundsätzliche NS-Täterschaft der Deutschen in Frage zu stellen, ist nicht ausschließlich, aber doch maßgeblich von historischen Dokumentationen genährt und vorangetrieben worden. Das gleiche gilt für die Frage, welchen Stellenwert der 17. Juni 1953 und der 9. November 1989 für das deutsche Geschichtsbewusstsein haben, es gilt für die Debatte über den richtigen Umgang mit Mauerschützen und MfS-Spitzeln und für die Diskussion, ob man sich der vermeintlich guten Seiten der DDR erinnern dürfe. Bei all diesen Debatten sind,

mit Hilfe der historischen Dokumentationen, private und akademische Geschichtsbilder gegeneinander abgeglichen und so der gesamtgesellschaftlichen Diskussion
sowie einer wechselseitigen Korrektur zugänglich gemacht worden.

Ohne Frage hat sich die historische Dokumentation dabei vom verlängerten
Arm der Geschichtswissenschaft zu einem eigenständigen Medium der Erinnerungskultur entwickelt. Die bereits in Kap. 2.5 zitierte Forderung der Historikerin
Andrea Brockmann, sich endlich von der Vorstellung zu lösen, das Geschichtsfernsehen sei eine „historiographische Gattung", ist daher zuzustimmen (Brockmann
2006, S. 317).

Mittlerweile mehren sich die Zeichen, dass die Phase der Identitätssuche nach
dem Ende der DDR und der Vereinigung der beiden deutschen Staaten, zu Ende
geht. Die „Hitler-Welle" ist bereits abgeebbt; DDR-Themen, die einer Diskus-
sionsplattform bedürfen, scheinen erschöpft. Redakteure, Autoren und Regisseure
suchen Hände ringend nach neuen Stoffen und „modernen", „innovativen" Erzählkonzepten, um an die (Publikums-)Erfolge der Vergangenheit anknüpfen zu
können. Vollkommen offen ist noch, in welche Richtung sich die historische Dokumentation verändern wird, nur eines scheint klar: sie wird sich, wieder einmal,
neu erfinden müssen.

Literatur

Andrea Brockmann: Erinnerungsarbeit im Fernsehen. Das Beispiel des 17. Juni 1953, Köln
    u. a. 2006 (Brockmann 2006).
Francois Niney: Die Wirklichkeit des Dokumentarfilms. 50 Fragen zur Theorie und Praxis
    des Dokumentarischen, Marburg 2012, S. 230 (Niney 2012)

Danksagung

Ich danke Olaf Jacobs, der die Anregung zu diesem Leitfaden gab und mit seinem Hinweisen den Text bereichert hat, sowie meiner Lektorin Barbara Emig-Roller, die das Projekt von Anfang bis Ende wohlwollend begleitete. Mein Dank gilt weiterhin Constanze Kutschker, Heribert Schneiders und Markus Stein, die das Manuskript oder Teile davon gelesen und kritisch kommentiert haben.

© Springer Fachmedien Wiesbaden 2015
J. N. Lorenzen, *Zeitgeschichte im Fernsehen,* Praxiswissen Medien,
DOI 10.1007/978-3-658-09944-2

The manufacturer's authorised representative in the EU is Springer
Nature Customer Service Centre GmbH, Europaplatz 3, 69115 Heidelberg,
Germany. If you have any concerns regarding our products, please
contact ProductSafety@springernature.com

Printed and bound by CPI Group (UK) Ltd, Croydon, CR0 4YY
27/04/2026
02097650-0007